KB266702

빛, 그림자, 순례

하나둘셋 발달론: 인간 이해를 위한 발달론

빛, 그림자, 순례

하나둘셋 발달론: 인간 이해를 위한 발달론

김영택 지음

방향을 잃은 순간 잠시 멈춰 설 수 있는 이정표가 되어 주기를 바라며

"우리가 시작한 이 자리에서 우리의 탐험은 끝나며,
동시에 다시 시작된다."

좋은땅

머리말

우리는 살아가며 수없이 많은 일을 해내지만, 정작 가장 근본적인 질문은 늘 뒤편으로 미뤄 둔 채 지낸다.

나는 어디에서 왔는가.
나는 무엇인가.
나는 어디로 가고 있는가.

이 질문들은 특별한 이들만 탐구하는 박제된 철학이 아니다. 아이의 순수한 호기심 속에서, 삶의 방향을 잃어버린 막막한 순간에도, 관계의 시작과 끝점에서도 불쑥 고개를 드는 본능적인 외침이다. 그것은 인간이 단순히 생존을 위해서만 살아가는 존재가 아니라 자신의 삶을 이해하려 애쓰는 존재이기 때문이다.

이 책은 그 질문에 대한 답을 관념적인 수식어에 가두는 대신 우주의 탄생이라는 거대한 이야기에서 출발하여, 한 인간의 몸과 의식, 관계와 성장이라는 내밀한 기록으로 내려온다.

찰나의 빛에서 시작된 우주의 역사, 분화와 연결을 반복하며 진화해 온 생명의 장엄한 흐름 그리고 그 유구한 연장선 위에 놓인 한 개인의 발달. 이 모든 과정을 단절된 조각이 아닌 '하나의 맥락'으로 바라보고자 한다.

'하나, 둘, 셋'이라는 단순한 구조는 인간의 성장과 관계를 이해하는 하나의 틀이다. 근원적인 '하나'의 상태에서 타자를 인식하는 '둘'로 나뉘고, 다시 각자의 주체성을 지닌 채 조화롭게 공존하는 '셋'으로 나아가는 여정. 이 역동적인 흐름은 우주의 팽창에도, 생명의 진화에도 그리고 우리 개개인의 삶 속에서도 끊임없이 반복되어 왔다.

이 책은 완성된 정답을 제시하기보다, 독자가 마음속 깊이 묻어 두었던 질문을 스스로 꺼내 들 수 있도록 돕는 마중물이 되고자 한다. 사회가 부여한 역할과 스스로 만든 그림자를 잠시 내려놓고, 그 너머에 있는 '의식의 빛'을 오롯이 마주하는 시간. 그 성찰의 시간을 통해 우리는 비로소 나라는 존재를 입체적으로 이해하고, 타인과 더욱 건강하게 연결될 수 있을 것이다.

이 글이 삶의 모든 난제를 해결해 주지는 못하겠지만, 적어도 거센 생의 파도 속에서 방향을 잃은 순간, 잠시 멈춰 서서 내면의 북극성을 확인할 수 있는 작은 이정표가 되어 주기를 진심으로 바란다.

차례

◌◦◌

셋_순례

우리는 어디로 가는가

세 개의 질문

1897년, 폴 고갱(Paul Gauguin)은 한 폭의 거대한 캔버스 위에 인간 존재를 관통하는 세 가지 근원적 질문을 남겼다.

우리는 어디에서 왔는가?

우리는 무엇인가?

우리는 어디로 가는가?

이 질문들은 예술가 개인의 절박한 실존적 고백이면서 동시에 시대를 초월해 인간 존재 전체의 본질을 겨냥하는 보편적 선언이다. 오직 인간이라는 종(種)만이 자신의 기원과 정체성 그리고 나아갈 방향을 묻는 존재이기 때문이다.

우리는 매일 생존을 위해 먹고 일하며, 수많은 관계의 망(網) 속에서 숨 가쁘게 살아가지만, 마음 한구석에서는 끊임없이 "이 삶은 과연 무엇을 의미하는가?"를 되묻는다. 이 근원적인 질문이 멈출 때, 우리의 삶은 단순한 생물학적 기능으로 전락하며, 존재는 목적을 상실한 채 맹목적인 반복의 굴레에 갇히고 만다. 중요한 사실은 이 질문들이 삶의 특별한 위기 상황에서 갑자기 발생하는 것이 아니라 인간의 의식 구조 속에 이미 태초부터 내재해 있다는 점이다.

인간은 태어나는 순간 의지와 상관없이 세계라는 무대 위에 '던져진 존재'다. 그렇기에 우리는 자신이 속한 질서와 그 안에서의 자리를 끊임없이 해석해야만 비로소 '살아갈' 수 있다. 결국 "나는 누구인가"라는 물음은 철학적 사유의 결과라기보다, 인간 의식이 세계와 관계 맺는 방식 그 자체에서 피어나는 가장 본능적이고도 근원적인 질문이다.

이 책 역시 이러한 존재론적 질문, 곧 나는 어디에서 왔으며, 무엇이며, 어디로 향하는 존재인가라는 물음에서 출발한다. 이러한 질문은 논리적이고 성숙한 사유가 가능해진 어른의 전유물이라 생각하기 쉽다. 하지만 사실 이 물음은 우리가 언어를 배우기도 전, 아주 이른 시기의 모호한 감각과 태초의 상상 속에서 이미 그 모습을 드러내고 있다.

가령, 아이들은 문득 이런 엉뚱한 상상에 빠지곤 한다. '저분들이 정말 내 부모님이 맞을까?', '혹시 나는 다른 곳에서 온 아이가 아닐까?' 이는 아이의 막연한 불안을 넘어 자기 존재의 근원을 본능적으로 탐색하려는 마음의 표현이다. 하지만 이런 근원적 의문은 시간이 지나며 점차 해소된다. 빛바랜 사진첩 속 부모님의 젊은 시절에서 지금의 나와 너무도 닮은 얼굴을 발견하거나, 주변 사람들로부터 "정말 엄마랑 쏙 빼닮았네", "웃는 모습이 아빠와 붕어빵이다"라는 말을 들을 때이다. 우리는 그 닮았다는 말에 적극적으로 긍정하지는 않더라도 자기 정체성의 일부임을 받아들이게 된다. 그렇게 아이는 점차 '나는 어디에서 왔는가'라는 첫 질문에 대한 자신만의 윤곽을 그려 간다.

고갱이 던진 두 번째 질문, "우리는 무엇인가?", 즉 "나는 누구인가" 라는 물음은 청소년기라는 질풍노도의 시기를 지나며 본격적으로 시작되어, 평생을 그림자처럼 따라다니며 우리를 시험하는 생의 과제다. 우리는 살아가면서 끊임없이 자신을 정의하고, 때론 다시 의심하고, 또 새롭게 해석한다. 오늘의 나는 어제의 나와 같지 않고, 내일의 나는 오늘의 나와 다를 수 있기 때문이다.

이처럼 자기 정체성에 대한 갈망은 최근 사회적 현상에서도 잘 드러난다. MBTI, 애니어그램, 혈액형 성격 유형 같은 검사들이 유행하는 이유도 결국 "나는 어떤 사람인가"라는 질문에 대한 답을 외부로부터 얻고자 하기 때문이다. 그런데 이처럼 데이터나 유형으로 자기를 파악하려는 마음은 자기를 제대로 알지 못한다는 불안감의 반영이기도 하다. 자신에 대한 이해가 부족할수록 우리는 어떤 틀이나 수치에 자신을 맞추고 싶어 한다. 타인을 판단할 때도 마찬가지다. T 유형인지 F 유형인지에 따라 사람을 바라보고 관계를 규정지으려는 경향이 강해지고 있다.

문제는 이것이 단순한 유행을 넘어 삶의 중요한 결정에까지 영향을 미친다는 점이다. 실제로 일부 기업에서는 특정 MBTI 유형을 이유로 채용을 제한하거나 선호하는 경우도 있어, 사회 전체가 '자기 이해'라는 이름 아래 지나치게 단순한 틀로 사람을 재단하고 있다. 그러나 성격 유형 검사와 수치라는 데이터로 자기를 확인하려고 할수록 우리는 자의식과잉이나 자의식 결핍에 빠질 수 있다.

우리는 홀로 '나'가 되는 것이 아니라 타인들과의 만남을 통해 '나'를 형성하기에 우리를 둘러싼 환경과 사람들과 어떻게 관계를 맺는지 그 맥락 속에서 자기를 보는 성찰의 시간이 필요하다. 조용히 자기 내면을 성찰하는 것이 어떤 성격 유형 검사보다 자기를 제대로 이해하는 좋은 방법이라 하겠다.

내면을 성찰하며 자신과 타인을 깊이 이해하고, 흔들림 없는 자기중심을 세울 수 있다면, 우리는 마침내 고갱이 던진 세 번째 질문—"우리는 어디로 가는가?"에 스스로 답할 준비가 된 것이다. 삶은 정해진 길이 아니라 선택의 연속이며, 나를 아는 만큼 그 길은 분명해진다. 어떤 방향으로, 어떤 삶을 살아갈지는 오롯이 자신의 선택에 달려 있다. 그리고 이 책이 그러한 삶의 여정을 선택하고 걸어가는 데 작은 이정표가 되었으면 한다.

이제 다시 고갱이 우리에게 던진 근원적인 질문으로 돌아가 보자. "우리는 어디서 왔는가? 우리는 무엇인가? 우리는 어디로 가는가?" 이 세 가지 물음은 인간 존재의 기원, 본질 그리고 지향점을 관통하는 철학적 화두다.

우리는 이 질문에 대한 답의 실마리를 두 가지 차원에서 추적해 볼 수 있다. 거시적으로는 우주의 탄생부터 현재까지를 아우르는 '빅 히스토리(Big History)'를 통해, 미시적으로는 개인의 생애와 삶의 경험을 통해 해석할 수 있다. 얼핏 보면 광대한 우주의 역사와 한 사람의 삶을 나란히 놓고 비교하는 것이 무모한 비약처럼 느껴질지도 모른다. 하지만 생로병사(生老病死)라는 자연의 원리를 떠올려 보면 모든 존재는 태어나고, 변화하며, 결국 소멸한다는 점에서 유사하다. 즉, 거대한 우주의 도도한 흐름과 한 인간의 치열한 삶은 본질적으로 닮아 있다.

이제 시공간의 한계를 넘어, 그 깊이를 가늠조차 하기 어려운 우주의 장대한 역사로부터 이 여정을 시작해 보려 한다. 인류는 어디서부터 비롯되었는가? 인류는 우주의 도도한 흐름 속에서 어떤 위치에 서 있으며, 이 거대한 질서의 톱니바퀴 속에서 어떤 의미를 만들어 가고 있는가? 이 질문을 따라가는 여정은 곧, 인간 존재에 대한 깊은 이해로 이어질 것이다.

약 138억 년 전, 시공간과 물질 그리고 에너지가 단 하나의 점으로 응축되었던 '초기 특이점(Initial Singularity)'의 상태에서 거대한 폭발과 함께 우주는 탄생했다. 이것이 바로 모든 것의 시작인 '빅뱅(Big Bang)'이다.

태초의 우주는 상상할 수 없을 만큼 밀도가 높고 뜨거운 상태로 오직 빛만이 존재하던 세계였다. 그러나 팽창을 거듭하던 우주가 탄생 후 약 38만 년이 지났을 무렵, 우주의 온도가 10만분의 1도 정도 미세하게 낮아지며 결정적인 변화가 일어났다. 그 미세한 온도 차이는 완벽했던 균형을 깨뜨렸고, 비로소 빛이 물질의 구속에서 벗어나 광활한 공간으로 뻗어 나가기 시작했다. 빛이 물질로 응결되며 '원자의 시대'가 열린 것이다. 이 작은 틈새에서 시작된 변화가 오늘날 우리가 마주하는 우주의 장엄한 진화를 이끌어 냈다.

처음 생겨난 원소는 수소(H)와 헬륨(He)이었다. 이들이 결합하면서 베릴륨(Be)이 만들어졌고 베릴륨과 헬륨이 다시 만나 탄소(C)가 되었으며 탄소와 수소가 결합해 산소(O)가 되었다. 이러한 원자들의 생성은 별 내부에서 일어나는 핵융합 반응을 통해 이루어졌다. 이 방식으로는 철(Fe)까지 만들 수 있었다. 그러나 철 이후의 무거운 원소들, 예를 들어 금(Au)이나 우라늄(U) 같은 원자들은 별이 죽음을 맞이하며 초신성

(supernova)으로 폭발할 때 발생하는 엄청난 온도와 압력 속에서 만들어진 것이다. 즉, 우주에 존재하는 거의 모든 원자들은 별의 내부에서 태어났거나 별의 죽음에서 비롯된 것이다. 우주는 이렇게 빛에서 물질로 단순한 원자에서 복잡한 물질로 그리고 결국 생명이 가능한 조건으로 나아가는 놀라운 여정을 시작했다.

융합과 폭발의 반복 속에서 마침내 지금으로부터 약 46억 년 전 우리가 사는 창백한 푸른 점, 지구가 탄생했다. 이후 대략 8억 년이 흐른 뒤 지구에는 아주 특별한 변화가 일어났다. 자신의 정보를 다음 세대로 전달할 수 있는 유기체, 즉 생명이 등장한 것이다. 그 생명체는 모든 생물의 공통 조상으로 과학자들은 이를 루카(LUCA, Last Universal Common Ancestor)라 부른다. 현대 과학은 오늘날 존재하는 모든 생명이 이 루카로부터 진화했다고 설명한다. 그러나 원시 지구의 환경 속에서 어떻게 생명이 탄생했는지는 여전히 풀리지 않은 미스터리로 남아 있다. 생물의 공통 조상인 루카에서 다세포 생물로 진화하는 데에는 20억 년 이상이 걸렸고 그 후 또다시 18억 년에 걸쳐 점진적인 진화가 이어졌다.

약 600만 년 전, 마침내 인류의 조상이 지구 위에 첫발을 내디뎠다. 흔히 오해하듯 인류의 등장은 유인원에서 인간으로 이어지는 단조롭고 직선적인 진화의 결과가 아니다. 그것은 사방으로 거칠게 뻗어 나간 방사형의 진화 덤불 속에서, 수많은 종이 명멸하는 가운데 우연히 살아남은 단 하나의 가지였다. 그 어떤 고귀한 개입이나 약속된 설계도 없었다. 오직 변화하는 환경에 유리한 형질만이 살아남는 '자연선택'의 원리에 따라, 인류는 숱한 멸종의 위기를 뚫고 비로소 이 세계에

도달했다.

그로부터 약 1만 년 전 인류는 신석기 문화를 발달시키며 농경과 정착 생활을 시작했고 이는 문명과 도시, 과학과 예술, 산업과 기술로 이어지며 오늘날의 인공지능 시대에까지 이르렀다. 우주의 탄생에서 인류의 현재에 이르기까지 이 모든 흐름은 거대한 역사 속에 우연과 선택 그리고 변화가 이어진 한 줄기 여정이다. 그리고 지금 우리는 그 여정의 연장선 위에 서 있다.

우주는 지금도 계속 팽창하고 있다. 그리고 인류 역시 어디론가 나아가고 있다. 그 끝이 어디인지 우리는 아직 말할 수 없다. 하지만 우리가 어디에서 왔는지는 분명히 말할 수 있다. 우리 몸을 구성하는 원자 하나하나는 모두 별에서 왔다. 우리는 곧 별의 흔적이며 별의 후손인 셈이다.

우주의 탄생과 진화는 그 자체로 생명의 탄생과 진화를 품고 있다. 태초의 우주는 빛으로만 가득한 세계였다. 하지만 아주 미세한 온도 차로 균형이 깨지면서 빛은 물질로 응결되었고 수소와 헬륨이 탄생했다. 이 두 원자는 별의 내부에서 뜨겁게 융합되고, 별이 생을 마감하며 폭발하는 과정을 반복하였다. 그 폭발의 잔해 속해서 오늘날 존재하는 모든 원자들이 만들어졌다.

이렇게 시작된 물질의 여정은 마침내 '생명'이라는 경이로운 단계에 도달했다. 초기 생명은 홀로 분열하며 영원히 지속될 수 있는, 자유롭고 불멸에 가까운 단세포의 상태였다. 하지만 생명은 스스로 자유와 불멸을 내려놓고 새로운 가능성을 선택했다. 다세포 생물은 무성 생식이 아닌 난자와 정자를 통한 성(性)의 생식을 통해 유전적 다양성을 획득했고, 생명의 진화는 더욱 빠르게 진행되었다. 그 결과 오늘날처럼 다채로운 생명체가 존재할 수 있게 되었다.

이렇듯 우주 탄생과 생명 진화는 단절되지 않은 하나의 흐름이다. 그리고 그 흐름은 지금 이 순간에도 우리 개개인의 몸과 의식이 성장 과정 속에 고스란히 담겨 있다. 개인의 성장과 발달은 단지 생물학적 변화나 심리적 기제로만 설명될 수 없다. 그보다 더 깊은 층위에서 우주가 팽창하고 생명이 분화해 온 그 원리와 이치를 따라 이해하는 것이 필요하다. 바로 이것이 '하나둘셋 발달론'이 지향하는 관점이다. 이것은 개인을 고립된 존재로 보지 않고 우주 역사와 생명 진화라는 맥락 안에서 이해하려는 시도이다.

우주 만물은 별들의 융합과 폭발로 생성된 원자들로 이루어져 있다. 그렇기에 우리 모두는 별에서 온 존재이며 이 점에서 우주 전체와 본질적으로 연결되어 있다. 또한 빅뱅 이후 약 38만 년 동안 우주는 오직 빛으로만 이루어진 하나의 상태였다. 이 시기를 떠올려 보면 삼라만상은 처음부터 빛 안에서 하나였던 존재라 할 수 있다.

이처럼 우주의 모든 존재는 태초부터 하나로 연결되어 있었고, 지금도 그 연속선상에 놓여 있다. 어쩌면 우리 인간이 끊임없이 타인과 세상을 향해 '하나가 되고자 하는 마음'을 품는 것은, 우주와 공동체, 가족과 연인에게 귀속되고 싶어 하는 근원적인 욕구는 우리가 어디에서 왔는지를 기억하는 무의식의 발현일지도 모른다. 이 마음은 우리가 본래 거대한 전체의 일부였음을 아는 존재만이 느낄 수 있는 깊은 공감의 의식이다. 그것은 동질감을 불러일으키고, 서로를 닮고 싶고, 연결되고 싶어 하는 '동화(同化)의 충동'으로 나타난다. 명절이면 고향을 찾는 것도 부모의 품과 어릴 적 기억이 있는 공간으로 돌아가려는 마음이다. 즉, 내가 나로 처음 시작되었던 그 원점과 다시 하나가 되고 싶어 하는 마음일 것이다. 하나가 되고자 하는 마음은 순간적 감정이나 학습된 문화적 관습이 아니라 우주의 탄생과 인간 존재의 본질에 닿아 있는 깊은 심연에 새겨진 지워지지 않는 흔적이라 할 수 있다.

우주가 팽창하듯 우리의 의식 또한 확장된다. 처음에는 어머니로부터 시작된 하나(同化)의 의식은 점차 아버지, 가족, 친구, 사회로 이어진다. 이처럼 의식의 확장은 곧 관계의 확장이며 그 과정에서 우리는 낯설고 새로운 대상과 마주하게 된다. 바로 이 지점에서 '하나(同化)의 의식'에서 '둘(異化)의 의식'으로 전환이 일어난다.

'나'와 '너', 즉 타자와의 관계가 시작되는 것이다. 이때 우리는 자신과 다른 존재를 인식하게 되며 때로는 이질감과 반감을 느낀다. 그리고 점점 동화(同化)가 아닌 '이화(異化)의 충동', 즉 스스로 분리되고, 독립하고 싶어 하는 욕구가 생겨난다. 이러한 의식의 분화는 부모와 고향이라는 익숙하고 안전한 '하나의 세계'를 떠나 자신만의 삶을 살아가려는 성장과 독립의 과정이기도 하다. '집 떠나면 개고생'이라는 말처럼 세상은 결코 만만하지 않지만, 그 여정 속에서 우리는 나를 이해하고 타인을 존중하는 법을 배울 수 있다.

나와 너라는 둘의 의식으로 서로의 다름을 인식하고 그 다름을 인정하기 위해서는 부모나 친구, 연인과 '하나가 되려는 마음', 즉 하나의 의식으로 환원하려는 욕구(익숙함에 머물려는 욕구)에 빠져서는 안 된다. 진정한 성장은 그 너머에서 이루어지기 때문이다.

이제 우리는 새로운 관계로 나아가야 한다. 각자가 주체로 서서 '우리로서 하나'가 되는 방향, 즉 '셋의 의식'으로 확장되어야 한다. 이 셋의 의식은 단순히 둘이 합쳐 하나가 되는 것 이상으로 각자의 주체성이 존중된 채 '공존과 연결의 하나'로 나아가는 새로운 단계이다. 이것은 과거의 하나(同化)와 현재의 둘(異化)을 딛고 선 새로운 차원의 하나다.

인간은 관계 속에서 하나(同化) → 둘(異化) → 셋(共存)의 과정을 거치며 성숙해 간다. 이 하나, 둘, 셋의 순환은 단지 인간의 심리와 관계에만 적용되는 것이 아니다. 우주도, 세상도 결국 이 흐름 속에 존재한다. 우주도 처음에는 하나의 특이점이었다가 빅뱅으로 분화했고 그 안에서 수많은 별과 행성, 생명이 태어나 이제는 서로 얽히고 영향을 주고받는 '셋의 상태', 즉 상호연결된 우주로 나아가고 있다. 성장이란 끊임없는 분리와 연결의 반복 속에서 더 넓은 차원의 하나로 나아가는 여정이다. 그리고 그 여정 속에서 우리 각자는 지금도 여전히 '하나, 둘, 셋'의 의식을 통과하며 살아가고 있다.

이것이 바로 하나둘셋 발달론이 인간의 발달을 바라보는 관점이다. 이 이론은 인간의 성장을 파편화된 심리 기제나 지엽적인 생물학적 변화로만 국한하지 않는다. 우주와 생명의 진화 속에서 인간의 발달을 함께 바라보는 통전적 관점이다.

모든 존재는 빅뱅이라는 근원인 '하나의 빛'에서 시작되었다. 그 하나는 분화되어 수많은 원자가 되었고(둘), 그 원자들이 다시 중력의 이

끌림 속에 뜨겁게 뭉쳐 스스로 빛을 내는 별이 되고(하나), 별은 다시 초신성으로 격렬하게 폭발하며(둘), 그 속에서 새롭고 다양한 원자들이 탄생하는(셋) 순환이 반복되었다. 우주적 순환의 파동 끝에 비로소 지구와 생명 그리고 마침내 인간이 무대 위로 등장하게 되었다.

하나둘셋 발달론은 바로 이 흐름을 따라 인간 또한 하나(同化) → 둘(異化) → 셋(共存)의 과정을 거쳐 성장한다고 본다. 우주가 그렇게 진화했듯 우리도 그렇게 성장한다. 이제부터 우리는 하나둘셋 발달론을 중심으로 우주와 세상, 사회 속에서 한 인간으로서 우리는 어떻게 성장해 가는지 그리고 고갱의 질문처럼 "우리는 어디에서 왔는지, 우리는 무엇인지 그리고 어디로 가고 있는지" 인류의 궁극적인 방향까지 함께 탐색해 보려 한다.

이 여정은 곧, 우리를 더 깊이 이해하고 더 넓은 세계와 연결하는 길이 될 것이다.

우리는 어디에서 왔는가?

⋮

....

하나는 한(큰, 환한) 나이다.

하나가 되고픈 나, 내 안에 몰입한 나,

나를 '나'이게 '하'는 하나이다.

나와 너 안에 빛나는 '큰 나'인 '우리(한울)'이다.

너에게서 나를 보고 나에게서 너를 보며

우리는 하나가 된다.

한 빛으로 동화된다.

눈이 부시도록 밝은 빛은

우리의 다름을 희미하게 지워 버린다.

하지만 빛은 그림자를 만든다.

그리고 우리는 낯선 그림자가 무엇인지

확인하고 싶어 다가간다.

떨리는 마음으로.

⋮

우주는 '크고 환한 빛'에서 시작되었다. 138억 년 전, 모든 것이 하나로 응축된 상태에서 시공간의 대팽창이 일어나며 우주의 막이 열렸다. 그 찰나의 순간, 빛은 어둠을 가르고 가장 먼저 무대 위로 등장했다. 흥미롭게도 성서에서도 우주의 시작을 '빛'으로 묘사한다. 구약성서 창세기 1장 3~5절에는 하느님께서 "빛이 생겨라!"라고 말씀하시자 빛이 생겨났다. 그 빛을 낮이라, 어둠을 밤이라 부르시며 첫날이 지났다고 기록되어 있다. 이는 성서가 우주의 창조를 빛의 탄생으로 시작했다는 점에서 과학적 설명과 상징적으로 맞닿아 있는 부분이다.

또한 신약성서 요한복음 1장 3~4절에서는 빛이 단지 물리적인 현상을 넘어 생명의 근원으로 언급된다. "만물은 그분으로 말미암아 생겨났고, 생겨난 것 가운데 그분 없이 생겨난 것은 하나도 없다. 그분 안에 생명이 있었으니 그 생명은 사람들의 빛이었다." 여기서 빛은 곧 생명이며 창조의 에너지로 표현된다.

이처럼 과학과 종교 모두 '빛'을 우주의 기원이자 생명의 시작으로 본다. 빛은 단순한 물리적 현상을 넘어 존재의 시작, 생명의 가능성을 여는 열쇠와 같다. 그런데 놀랍게도 우리 말의 '하나'라는 단어에서도 빛의 심오한 의미를 발견할 수 있다.

우리는 일상에서 수를 셀 때나 뜻과 마음을 하나로 모을 때 자연스럽게 '하나'라는 말을 사용한다. '하나'는 맨 처음 숫자 또는 일치와 통합을 뜻하는 말로 사용하지만, 그 이면에는 우리 고유어의 깊은 상징과 의미가 담겨 있다. 우리말의 닿소리는 단지 발음 기호로서의 상징을 넘어 자연적이며 감각적 의미의 결도 품고 있다.

'하나'를 구성하는 첫 닿소리 'ㅎ'에는 큰 빛, 밝음, 크다는 의미가 담겨 있다. '해맑다', '환하다', '함박눈', '한마당'처럼 'ㅎ'이 쓰인 말들은 어김없이 밝고 크고 넉넉한 공간감을 품고 있다. 다음 닿소리 'ㄴ'은 '내리다', '눕다', '낮다'와 같이 위에서 아래로 흐르고 안착하는 움직임을 상징한다. '내(川)', '눈(雪)', '누리(세상)' 등에 담긴 지상으로 내려옴과 옆으로 퍼짐의 결이 'ㄴ'에서 느껴진다. 이 두 소리를 연결해 보면 '하나'는 '큰 빛이 온누리에 내려온다'는 뜻으로 풀이될 수 있다. 그 의미는 단지 언어적 해석을 넘어 빛과 생명이 세상에 깃드는 장면을 떠올리게 한다. 만물을 자라게 하는 태양, 어둠을 몰아내고 모든 곳을 비추는 빛 그리고 그 빛이 세상에 스며드는 흐름이 바로 '하나'라는 말 안에 응축되어 있는 것이다. 따라서 '하나'는 수의 시작이며 존재의 시작이며 생명의 빛을 상징하는 말이다. 이는 하나둘셋 발달론에서 말하는 '하나의 의식', 즉 근원으로서의 빛, 일체감, 생명의 시작과도 깊이 연결된다.

우주의 탄생도 빛이고, 성서의 세상 창조도 빛에서 시작되었다. 그리고 우리말 '하나'에도 빛과 생명의 결이 담겨 있다. 이처럼 서로 다른 영역—과학, 종교, 언어—에서 공통적으로 말하는 것은 모든 생명의 시작이 빛이라는 사실이다.

이 빛은 생명을 잉태하는 에너지이자 존재를 탄생시키는 힘이다. 빛이 곧 생명이고 생명은 빛에서 비롯되었다. 우리 인류 역시 빛에서 시작된 존재이다. 인류는 더 나아가 빛에서 생명뿐만 아니라 스스로를 비추어 '내가 누구인지', '왜 존재하는지'와 같은 실존적 질문을 던지는 존재로 진화해 왔다.

우리는 결국 '나'라는 존재의 실체를 확인하기 위해 스스로에게 질문의 빛을 비춰 본다. 그러나 그 순간 드러나는 것은 아이러니하게도 본연의 모습이 아닌 짙게 깔린 그림자다. 우리는 흔히 자신을 교사, 학생, 회사원, 주부나 취준생 같은 사회적 직함으로 규정하지만, 그러한 명칭만으로는 내가 누구인지를 설명할 수 없다. 그리고 키가 크다, 작다, 멋지다, 예쁘다, 못생겼다, 똑똑하다, 멍청하다, 외형적이다, 내성적이다 같은 외모나 성격 묘사로 자신을 설명하기도 한다. 그러나 외모나 성격을 묘사하는 수식어들은 타인과의 비교라는 거울 없이는 설명될 수 없는 정체성이다. 누군가의 부모, 친구, 형제라는 관계적 명칭도 타인과의 연결망 속에 놓인 나의 위치를 말해 줄 뿐이다. 이러한 표현들은 나라는 존재의 본질을 비추기보다, 타인의 시선과 사회적 기준이 빚어낸 거대한 그림자를 나라고 착각하게 만들 뿐이다.

그렇다면 내 몸은 온전한 나 자신일까? 물론 대부분의 사람은 자신의 몸을 '나'라고 여긴다. 하지만 만약 사고로 사지를 잃고, 팔다리를 인공 장치로 대체하게 된다면 어떨까? 혹은, 영화 《공각기동대》의 설정처럼, 누군가에 의해 조작된 기억이 내 뇌에 심어져 정체성마저 흔들리게 된다면 우리는 과연 "나는 누구다"라고 말할 수 있을까? 또한 우리가 갖고 싶어 하는 유행하는 옷, 최신 스마트폰, 명품 신발은 정말 내 욕망일까? 아니면 다른 사람의 욕망을 내 것이라 착각한 것일까? 이처럼 나의 몸, 나의 기억, 심지어 나의 욕망조차 본질을 파고들면 타인의 시선과 사회의 틀, 문화의 압력 속에서 빚어진 그림자일 뿐이다.

그렇다면 '누구의 아들'에서 '누구의 아버지'로 사회적 역할이 바뀌고, 몸의 일부가 기계로 대체되거나 기억이 조작되고, 타인의 욕망을 내 욕망처럼 느끼게 되더라도 나를 나로 남게 하는 것은 무엇인가?

나에게 입혀진 역할, 외모, 몸, 기억, 욕망이라는 겹겹의 그림자들을 걷어 낸 자리에는 오직 '빛'만이 남는다. 내 밖에 나를 바라보는 나, 나를 관조하는 의식의 빛만이 그림자가 사라진 빈자리에서 온전히 빛나기 시작한다. 나를 벗어나 나를 응시하는 능력은 곧 내면을 바라보는 힘이며, 고대 인도 철학에서 말하는 존재의 근원적 실체, '아트만(Ātman)'이다.

아트만은 변화무쌍한 감정이나 생각, 파편화된 감각과 기억 이전의 순수한 의식이다. 그것은 '나를 벗어나 나를 보는 능력'이자 타자화된 나를 바라보는 주체로서의 나를 의미한다. 이 의식은 변하지 않고 흔들리지 않으며 삶의 변화 속에서도 나의 본질로서 존재하는 유일한 실재이다. 그러므로 의식의 빛을 이해하는 것이 곧 나를 이해하는 것이다.

우주는 빅뱅의 큰 빛으로부터 탄생했고, 우리 역시 의식의 빛과 함께 이 세상에 들어온다. 우주의 팽창이 융합과 폭발을 반복하며 이루어지듯, 우리의 의식 또한 타자들과의 만남 속에서 동화(同化)와 이화(異化)를 거듭하며 확장된다. 처음에는 부모와 나의 경계가 없는 '하나의 의식'에서 출발한다. 점차 '나'와 '너'의 차이를 인식하는 '둘의 의식'을 거쳐, 서로 다른 주체들이 '우리로서 하나'가 되고자 하는 '셋의 의식'으로 나아간다.

결국, 하나둘셋 발달론은 인간의 삶이 우주의 진화와 궤를 같이하며, 몸의 성장과 함께 의식이 성장해 가는 여정임을 보여 준다. 이 발달의 길 위에서 우리는 그림자를 걷어 낸 자신을 직면하고, 타인을 이해하며, 더 큰 연결을 향해 나아가는 존재로 성장할 것이다.

빛이 생겨라

....

의식의 빛, 아트만(Ātman)은 새로운 생명이 시작되는 순간, 즉 수란관에서 난자와 정자가 만나 수정(하나)되면서 빛나기 시작한다. 이 순간은 생물학적 결합이며 하나의 생명과 하나의 의식이 태동하는 출발점이라 할 수 있다. 수정이 이루어지면 생명은 곧바로 '난할'이라는 세포 분열의 과정(둘)에 들어선다. 하나였던 수정란이 둘로, 넷으로, 여덟으로 나뉘며 분화되는 과정은 생명이 구조와 형태를 갖추기 위한 '둘(異化)의 과정'이다. 그리고 약 일주일 뒤 수정란은 자궁에 착상하며 비로소 어머니와 연결되어 임신(셋)이 이뤄진다. 난자와 정자가 하나로 수정되고 난할로 분리되다 착상과 함께 다시 하나로 임신이 되는 하나, 둘, 셋의 과정을 거치며 태아는 세상을 만날 꼴을 갖춘다.

임신 이후부터 어머니와 태아 사이의 관계는 본격적으로 시작된다. 흥미로운 점은, 어머니는 자신의 몸 안에서 생동하는 새로운 생명을 품고 있음에도 초기에는 그 존재를 인식하지 못할 수 있다는 사실이다. 이때의 의식 상태는 "나는 나고, 너도 나다", 즉 타자를 내 안에 흡수하여 '너와 나의 경계가 없는 하나의 상태'이기 때문이다. 문제는 바로 여기에 있다. 타자를 인식하려면, 즉 '너'를 '너'로 받아들이려면 나와 너 사이에 일정한 거리를 통해 차이와 경계의 인식이 필요하다. 거리가 없다는 것은 곧 구분이 없다는 것이고, 이는 타자에 대한 몰인식의 상태를 뜻한다. 이런 몰인식 상태는 임신 초기 태아와 어머니의 관계에서만 일어나는 것이 아니다.

타자를 인식하지 못하는 상태에서 일어날 수 있는 심각한 문제 중 하나는 자신이 타인의 지배나 폭력에 노출되어 있음에도 그것을 인식하지 못한다는 점이다. 이를 잘 보여 주는 사례가 가스라이팅(gaslighting)이다. 가스라이팅을 당한 사람은 현실 감각이 흐려지고 상황을 객관적으로 판단할 수 없게 된다. 이는 자기와 타자 사이에 '심리적 거리'가 무너졌기 때문이다.

이러한 몰인식의 문제는 부부 관계라는 지극히 사적인 영역에서도 극명하게 드러난다. 우리는 흔히 '부부는 일심동체(一心同體)'라는 격언을 당연하게 받아들이지만, 사실 이 표현은 타자와의 실존적 거리를 완전히 제거해 버린 지극히 위험한 관점을 내포하고 있다. '누구의 마음(一心)'이고 '누구의 몸(同體)'인지 들여다보면, 가부장제 사회에서 남성 중심의 관점이 깊게 깃들어 있음을 알 수 있다. 이러한 관점은 남성의 몸과 의지를 중심에 두고 여성을 그 흐름에 종속시키는 방식으로 '하나'를 유지해 왔다. 그 결과 부부 관계는 서로를 동등하게 마주하는 것이 아니라 강자가 약자를 삼켜 버린 듯한 왜곡된 결합으로 변질되었다.

이런 동일화와 몰인식은 부부 관계를 넘어 부모와 자녀, 친구, 연인 관계에서도 반복된다. '너는 내 자식이니까', '우린 특별하니까 말 안 해도 알아야지'라는 말은 상대를 독립된 주체로 보지 못한 '내 안의 일부'로 간주하는 표현이다. 그러나 진정한 관계는 서로의 차이를 인정하고 거리를 유지할 수 있을 때 비로소 성립한다. 이 거리는 '존중과 공감이 들어설 자리'이며 관계가 자랄 여백이다. 그 여백을 만들기 위해 태아는 어머니에게 자신의 존재를 알리는 신호를 보낸다. 그 신호 중 가장 선명한 첫 징후가 '입덧'이다.

아직 말할 수도, 형체를 드러낼 수도 없는 태아는 어머니의 몸을 통해 자신의 존재를 알린다. 낯선 존재와의 첫 만남이 쉬울 수는 없다. 더구나 그 만남이 자기 몸 안에서 이루어진다는 점에서 그 어떤 관계보다도 혼란스럽고 격렬하다. 입덧은 바로 그 낯설고 생생한 충돌의 경험이다. 어제까지는 아무 문제 없던 음식 냄새에 구역질이 나고, 늘 좋아하던 맛이 갑자기 역겹게 느껴진다. 반대로 평소에는 손도 대지 않던 음식이 오히려 입맛을 당긴다. 몸의 감각과 취향이 낯설게 뒤바뀌는 순간, 어머니는 깨닫기 시작한다. 지금 내 안에 '나 아닌 존재'가 있음을. 입덧은 임신한 사람만이 겪는 특별한 체험이며, 내 안의 타자를 강렬하게 인식하게 만드는 경험이다.

또한 임신 초기의 입덧은 생리적인 변화일뿐 아니라 어머니에게 보내는 태아의 절박한 신호이기도 하다. 태아는 아직 말할 수 없고 스스로 움직일 수 없는 존재이기에 자신을 지켜 줄 유일한 통로인 어머니의 몸을 통해 외부 환경에 반응한다. 어머니가 무슨 음식을 먹는지, 어떤 냄새를 맡는지, 어떤 감정을 느끼고, 어떤 환경에 노출되는지는 모두 태아에게 직접적인 영향을 미친다. 그렇기에 입덧은 해로운 음식이나 과도한 자극, 불안정한 환경으로부터 태아와 어머니를 함께 보호하려는 일종의 과잉 반응으로 볼 수 있다.

입덧의 강도나 기간은 사람마다 다르지만 대체로 시간이 지나면 누그러지고, 이 무렵 태아는 점차 더 인간의 형상을 갖추어 간다. 그 변화와 함께 어머니도 비로소 자기 안의 새로운 존재를 '나와는 다른 하나의 생명'으로 느끼기 시작한다. 처음에는 단순한 신체적 변화에 불과했던 임신이 이제는 정서적 연결과 심리적 공감의 단계로 나아간다.

어머니는 태아의 존재를 점점 더 깊이 인식하고, 자신 안에서 자라나는 이 작은 생명과 자연스레 마음을 맞추려 한다. 태아 또한 어머니의 심장 박동과 목소리, 감정의 파동, 호르몬 변화 같은 다양한 신호를 감지하며 어머니와 세상을 함께 배워 간다. 이는 생리적 적응이면서 동시에 서로에게 다가가려는 섬세한 조율의 시간이다.

이제 이 시기의 경험이 태아에게 어떤 영향을 남기는지 그리고 그 영향이 이후 삶과 의식 발달에 어떻게 이어지는지를 잠시 짚어 보자.

과학 저널리스트 애니 머피 폴(Annie Murphy Paul)은 TED 강연 〈우리가 태어나기 전에 배우는 것〉에서 태아가 세상에 나오기 전부터 이미 학습한다는 사실을 흥미롭게 보여 준다. 우리는 흔히 갓 태어난 아기를 아무것도 쓰이지 않은 백지처럼 떠올리지만, 실제로는 태아가 자궁이라는 '세상과의 첫 관계 맺기 공간' 안에서 듣고, 느끼고, 반응하며 중요한 정보를 몸에 새긴 채 태어난다. 그렇다면 태아는 무엇을, 어떻게 배울까? 머피 폴이 소개한 대표적인 사례는 다음과 같다.

임신 약 4개월경부터 태아의 청각 능력이 발달하기 시작한다. 이 시기부터 태아는 어머니의 심장 박동과 혈류 소리 그리고 가장 자주 듣는 '어머니의 목소리'에 반응한다. 출생 이전의 소리가 아기의 선호를 형성한다는 사실은 인간에게만 해당되는 것이 아니다. 대표적인 사례로, 연구자들이 부화 직전의 오리알에 반복적인 기계음을 들려준 뒤 부화한 새끼 오리에게 어미의 울음소리와 기계음을 들려준 실험이 있다. 새끼 오리들은 어미의 울음보다 부화 전에 익숙해진 기계음을 더 선호하는 모습을 보였다. 이처럼 출생 이전의 청각 경험은 이후의 반응과 선호에 영향을 미친다.

인간 태아 역시 자궁 안에서 반복적으로 들려오는 소리, 즉 어머니의 목소리를 들으며 세상과 첫 관계를 쌓아 간다. 태아는 늘 가까이 있는 이 소리를 가장 자주 듣기 때문에 자연스럽게 그 음색과 리듬에 익숙해진다. 그래서 아기는 태어나자마자 어머니의 목소리에 더 강하게 반응한다. 이러한 익숙함은 정서적 유대감과 함께 출생 이후 모국어를 배우는 데 필요한 음운과 리듬에 적응하는 준비 과정이기도 하다. 다시 말해, 언어의 첫 학습의 출발점은 이미 자궁 안에서 시작된다.

다음으로, 태아는 임신 약 7개월 무렵부터 맛과 냄새도 받아들이기 시작한다. 이 시기에는 태아가 양수를 삼키는 과정에서 어머니가 먹은 음식의 향과 맛 성분이 전달되기 때문이다. 이러한 경험은 아기가 태어난 뒤 특정 맛에 친숙함을 느끼는 기본 선향으로 이어지기도 한다. 즉, 아기는 유전만 물려받는 것이 아니라 어머니가 섭취한 음식을 함께 경험하며 일종의 '문화적인 입맛'을 형성해 간다.

예를 들어, 우리나라 사람들이 김치의 매운맛이나 마늘 향에 비교적 자연스럽게 적응하고, 프랑스나 이탈리아 사람들에게 치즈나 허브 향이 낯설지 않는 데에는 태아기부터 접한 미묘한 향미의 경험이 일정한 작용을 했을 가능성이 있다. 물론 모든 아이가 김치나 치즈를 좋아하는 것은 아니다. 이는 단순히 맛의 기호나 식습관의 변화 때문으로만 설명하기에는 부족하다. 어머니의 뱃속에서 해당 맛을 충분히 경험하지 못했다면 아이에게는 본능적인 '낯선 맛'으로 느껴질 수 있다.

이런 점에서 우리가 무엇을 먹으며 자라는가는 단순히 영양 섭취를 넘어, 어떤 감각과 문화를 세계의 일부로 받아들이는가와 맞닿아 있다. 맛을 향한 초기 경험은 생존을 위한 감각적 학습이면서 동시에 세계를 해석하는 방식의 밑바탕이 된다.

1944년, 제2차 세계대전 중 독일 군대는 네덜란드 서부로 향하는 모든 식량 운송로를 차단했다. 봉쇄는 1945년 5월까지 이어졌고, 그동안 이 지역은 기록적인 기아와 추위에 시달렸다. 사람들은 이 혹독한 시기를 'Hunger Winter(배고픈 겨울)'라 부른다. 그렇다면 바로 그 겨울, 어머니의 뱃속에서 자라던 약 4천여 명의 태아들은 어떤 흔적을 남기게 되었을까?

가장 먼저 관찰된 결과는 출생 직후의 변화였다. 사산율의 증가, 선천적 기형, 저체중 출생, 높은 유아 사망률 등 영양실조는 생명의 시작부터 깊은 상처를 남겼다. 하지만 더 놀라운 사실은, 이 시기에 잉태된 아이들이 성인이 되고 노인이 된 이후까지도 그 영향이 이어졌다는 점이다.

과학자들은 'Hunger Winter' 기간에 잉태된 사람들을 조산한 결과,

이들 중 상당수가 노년기에 비만, 당뇨병, 고혈압, 심장질환 등 대사 질환을 더 많이 겪는다는 사실이 확인되었다. 이러한 차이를 유전이나 생활 습관만으로는 설명하기가 어려웠다. 자궁 안에서 태아는 '세상은 먹을 것이 부족한 환경'이라는 신호를 받아 결핍에 대비하는 생리적 특성을 형성했기 때문이다. 또한, 이런 신체적 적응은 세상을 인식하는 방식과 심리적 반응에도 영향을 미쳤을 가능성이 크다. '먹을 수 있을 때 먹어야 한다', '언제 없어질지 모르니 비축해야 한다'는 심리적 습관과 생존 전략이 그들의 평생에 영향을 미쳤을 수 있다.

어머니가 들려주는 다정한 목소리, 매일 섭취하는 음식의 맛과 영양, 시시각각 변하는 감정과 그녀가 처한 환경까지. 이 모든 정보는 탯줄과 혈류를 타고 태아에게 전달되는 한 통의 편지가 된다. 태아는 어머니의 몸을 통해 들어오는 세상에 대한 신호를 받아들이고, 곧 맞이할 세계에 대한 준비를 시작한다. 세상이 풍요롭고 환대하는 환경인지, 결핍과 위험이 도사리는 환경인지 태아는 어머니에게서 전해진 편지를 바탕으로 자신의 생존 전략을 세운다. 그런데 어머니가 보낸 편지와 실제 세상이 서로 다르다면 어떤 문제가 일어날까?

네덜란드의 'Hunger Winter' 동안 어머니들은 태아에게 '세상이 먹을 것이 부족한 궁핍한 환경'이라는 메시지를 보냈다. 그리고 태아들은 그 메시지를 받아들여 음식이 부족한 환경을 전제로 몸을 형성했다. 그들의 몸은 자원을 더 잘 저장하도록 바뀌었고, 있을 때 먹어 두려는 생존 전략을 선택했다. 하지만 이들이 태어났을 때는 전쟁이 끝나 있었고 세상은 다시 풍요로워진 상태였다. 문제는 그들의 몸과 의식은 이미 궁핍한 환경에 맞춰 설정되어 있었다는 점이다.

그 결과 이들은 풍요로운 환경에서도 과도한 섭취와 대사 불균형으로 비만, 당뇨, 심장질환 위험이 높아졌다. 즉, 태아가 어머니로부터 받은 세상에 대한 메시지는 평생 영향을 미쳤다. 한 생명을 품은 어머니는 그 생명이 살아갈 세상에 대한 첫 해석을 전달하는 존재가 되고, 그 메시지는 태아라는 작은 존재의 몸과 감각, 행동 심지어 인생의 방향성에까지 깊게 스며들 수 있다.

어머니의 메시지에 태아는 자연스럽게 조응하려고 한다. 어머니가 세상으로부터 받는 감각과 감정, 음식과 경험은 선별 없이 태아에게도 전달된다. 이는 태아가 어머니의 상태에 민감하게 반응하는 생물학적 과정이며, 그 연결의 중심에는 탯줄이 있다. 탯줄은 피와 영양, 호르몬을 전달하는 핵심 통로로서 어머니와 태아를 하나로 잇는다.

태아는 탯줄을 통해 어머니의 호르몬 영향에 길들여지고, 이 호르몬은 신경계 발달, 기질, 초기 성격 형성에도 관여한다. 실제로 아기가 태어난 이후에도 임신 기간에 형성된 호르몬 분비 패턴이 일정 기간 유지되어 성향에 영향을 준다. 이런 의미에서 기질과 성격은 유전적 요인뿐 아니라 태아기 환경이 남긴 경험적 흔적이라 할 수 있다.

인간이 지닌 '일치감', 즉 누군가와 연결되고자 하는 마음은 태아기부터 형성된다. 그래서 임신부가 어떤 소리를 듣고 무엇을 먹으며 어떤 감정을 느끼는지는 태아의 발달과 초기 의식 형성에 큰 영향을 준다. 하지만 여기서 우리가 경계해야 할 점은, 이 생명 탄생의 책임을 오롯이 임신부 개인의 몫으로 돌리는 태도다. 임신부가 조심해야 한다는 말보다 더 중요한 것은 주변의 관심과 따뜻한 말이다. 또한 불안 대신 안정을 주는 환경, 건강한 먹거리, 임신과 육아의 부담을 함께 나누는 공동체가 필요하다. 태아가 세상을 만나기 전에 세상이 따뜻하고 믿을 만한 곳이라는 메시지를 받을 수 있도록, 이제는 우리 모두의 역할과 태도가 바뀌어야 한다.

입덧을 태아의 존재가 어머니에게 드러나는 첫 신호로 본다면, 출산은 하나였던 몸이 둘로 나뉘는 극적인 분리 과정이다. 이 과정은 단순히 육체적 고통을 넘어 태아와 어머니가 함께 생존의 문턱을 넘는 사건이다. 이러한 분리는 인간만의 일이 아니라 생명 전반에서 나타나는 보편적 현상이다. 세포조차도 분리의 순간에 두려움을 느낀다. 그 두려움의 감정은 세포 단위의 생존 본능에서 비롯된다. 세포조차 분리 상황에서 강한 생존 반응을 일으키며, 이런 반응들이 쌓여 생명은 진화의 길을 걸어왔다.

출산 역시 인류 진화의 산물이다. 인간의 출산이 다른 포유류보다 훨씬 위험하고 고통스러운 이유는, 진화 과정에서 두뇌가 커지는 동시에 직립보행으로 여성의 골반 구조가 좁아졌기 때문이다. 그 결과로 인간은 상대적으로 더 미숙한 상태로 태어날 수밖에 없다. 출산이 시작되면 태아는 탯줄을 산소 공급이 크게 줄어들고, 태반과 탯줄에 남은 산소만으로 버티며 어머니의 몸 밖 세상으로 나와야 한다. 그 순간은 생존의 경계이자 둘(異化)이 되는 순간이다.

사상가 함석헌은 이렇게 말했다.

"마디가 있다는 것은 그냥 계속해서 자라기만 하지 않고 시련과 난관이 닥칠 때마다 자기를 다지고 다져서 자기를 누르고 눌러서 자기를 단단하게 만든다는 것을 의미한다."

- 박재순, 『함석헌 씨올사상』, 제정국기념사업회, 2013, 9쪽

출산은 인간에게 있어 삶의 첫 번째 마디이자, 그 어떤 순간보다 강렬한 생의 흔적이다. 하나였던 몸이 둘로 나뉘는 이 과정에서 모든 포유류는 강한 스트레스와 생리적 충격을 경험한다. 동물들이 태어나자마자 몸을 터는 행동은 단순한 생리적 반응을 넘어 출산 직후의 긴장을 해소하는 본능적 움직임이다. 그러나 인간은 너무 미숙한 상태로 태어나기 때문에 스스로 그 충격을 조절할 수 없다. 그래서 인류는 이 치명적인 미숙함을 보완하기 위해 '양육'이라는 길고도 헌신적인 시간을 진화시켜 왔다. 오랜 시간 곁을 지키고, 눈을 맞추며, 사랑을 쏟는 과정 속에서 아기는 자신이 받은 초기 충격을 조금씩 회복해 나간다. 이 돌봄과 애착의 시간은 다시 하나가 되고픈 인간의 깊은 욕구를 충족시키는 과정이기도 하다.

출산이라는 생애 첫 분리는 누군가와 깊이 연결될 때 비로소 회복된다. 결국 인간이란 '둘'이 되는 과정에서 필연적인 상처를 입고, 다시 '하나'가 되는 경험 속에서 비로소 안식을 찾는 존재다. 이 과정은 일생을 통해 반복되며 관계와 사랑, 공동체를 향한 깊은 갈망으로 이어진다.

그렇게 태초의 거대한 빛으로부터 뻗어 나온 한 줄기 광채가, 마침내 '한 아기'라는 고유한 생명으로 이 땅에 당도한다. 그는 태어나는 순

간 분리의 흔적을 안고 시작하지만, 사랑을 통해 다시 하나로 연결되
려는 여정을 향해 첫걸음을 뗀다.

우리는 영원히 미숙한 존재

....

아기가 태어나는 과정을 앞에서도 잠깐 언급했듯, 인간은 다른 포유류나 영장류에 비해 가장 미숙한 몸으로 세상에 나온다. 말이나 사슴은 태어나자마자 네 발로 일어서고, 개는 1년이면 성견이 된다. 하지만 갓난아기는 어머니 품에 안겨 젖을 물고 얼굴을 바라보는 것 외에는 거의 아무것도 할 수 없다. 1년이 지나서야 비로소 몸을 일으키고 몇 걸음 걷게 된다.

왜 인간은 이토록 무력하고 연약한 상태로 태어날까? 냉혹한 생존 경쟁의 관점에서 본다면 말이나 사슴처럼 태어나자마자 대지를 박차고 달릴 수 있는 편이 훨씬 유리해 보인다. 실제로 초식 동물들에게 출생 직후의 기동성은 곧 생사(生死)를 결정짓는 절대적 조건이다. 양수가 터지고 분만이 이루어지면 피와 체액의 냄새가 사방으로 퍼지고, 이는 맹수들에게 먹잇감이 있다는 치명적인 신호가 된다. 어미 사슴이 새끼를 안고 도망칠 수는 없는 상황에서, 새끼 사슴은 태어나자마자 곧바로 일어서서 도망칠 수 있어야 목숨을 지킬 수 있다.

하지만 인간은 다르다. 어른의 품이 아니면 살아남기 어려울 만큼 연약하게 태어나며 오랫동안 돌봄이 필요하다. 그렇다면 인간은 왜 이런 생존의 위험에도 불구하고 무력하고 미숙한 상태로 태어날까? 그 이유는 단순한 신체적 약함의 문제가 아니라 인간이 어떤 존재로 성장해 가는지를 보여 주는 중요한 실마리다.

인간이 미숙한 상태로 태어나는 첫 번째 이유는 바로 생물학적 제약에 있다. 인류는 진화의 과정에서 직립보행을 하게 되면서 골반이 좁아졌고, 그와 동시에 다른 포유류보다 훨씬 큰 뇌를 갖게 되었다. 같은 몸 크기의 포유류보다 약 6배, 침팬지보다도 약 3배 큰 뇌를 지닌 신생아가 그 좁은 골반을 통과해 태어나려면 미숙한 상태에서 나올 수밖에 없다. 만약 태아가 자궁 안에서 더 오래 자라 혼자 설 수 있을 만큼 발달한다면 출산 자체가 산모와 태아 모두에게 위험해진다.

결국 인류는 생존을 위해 미숙한 상태로 태어나는 방향으로 진화했다. 그래서 인간은 다른 동물보다 훨씬 더 오랜 기간 돌봄과 보호가 필요하다. 자궁 속에서 따뜻함과 안정, 영양을 받았던 아기는 태어난 뒤에도 어머니의 품과 젖가슴 안에서 안정감을 느끼며 세상과의 첫 만남을 준비한다. 어머니의 품은 아기가 가장 편안하게 머물 수 있는 공간이며 피부 접촉을 통해 감각을 깨우고, 수유를 통해 영양을 얻고, 정서적으로도 편안함을 느끼게 해 주는 확장된 자궁과 같다. 이곳에서 아기는 자궁 밖에서의 초기 발달 시기를 보낸다. 이 시기는 출산 과정에서 겪은 급격한 변화와 스트레스를 회복하는 시간이라는 점에서도 중요하다.

미숙한 상태로 일찍 태어나는 데에는 이점도 있다. 세상을 더 직접적으로 보고 듣고 느끼며, 자궁 속에서는 경험할 수 없었던 풍부한 자극과 정보를 받아들이기 때문이다. 물론 이는 아기를 안전하게 보살피는 어른의 돌봄이 있을 때 가능한데, 이것이 인간이 미숙아로 태어나도 살아남을 수 있었던 또 하나의 이유다. 인간은 협력적인 공동체 안에서 살아가는 존재로 진화했다. 진화가 진행되면서 인간의 뇌는 더 커졌고, 출산은 더욱 위험하고 고통스러운 일이 되었다. 그만큼 산모는 혼자의 힘으로 아이를 낳기 어려워졌고, 출산과 육아는 누군가의 도움을 필요로 하는 일이 되었다. 이런 조건 속에서 인간은 출산과 육아를 함께 책임지는 공동체적 방식으로 진화했다. 심리학자 알프레드 아들러도 다음과 같이 말한다.

"유아기에 인간이라는 존재가 겪어 내야 하는 수많은 질병과 병약함, 연약함 등을 생각해 보면 엄청난 수고와 보살핌이 필요하다는 것을 알게 되고 집단생활의 필요성에 대한 이해에 도달하게 된다. 인간의 지속적인 생존을 보장해 주는 가장 최선의 방책은 공동생활인 것이다."

- 알프레드 아들러 지음, 『아들러의 인간이해』 홍혜경 옮김, 을유문화사, 2017, 45쪽

인간은 신체적으로 미숙했기 때문에 서로 도우며 살아가는 사회적 존재로 진화했다. 이 미숙함은 인간 공동체가 형성되는 기반이 되었고, 공동체는 연약한 생명을 보호하고 길러 내는 역할을 맡았다. 인간은 태어나는 순간부터 누군가의 돌봄과 협력을 필요로 하는 존재다. 이 조건이 인간을 더욱 사회적인 존재로 만들고, 공감과 협력, 상호의

존이 자리 잡을 수 있게 했다. 미숙함은 인간의 약점이 아니라 함께 살아가게 하는 강력한 조건이 되었다.

인류가 미숙한 상태로 일찍 태어나도록 진화한 데에는 두 가지 중요한 이유가 있었다. 첫째는, 출산 과정에서 임신부와 태아의 생명을 보호하기 위한 생물학적 필요였다. 둘째는 공동체가 함께 아이를 돌보는 문화가 있었기 때문이다. 인간은 연약하게 태어나도 부모와 공동체의 협력적 돌봄 속에서 세상에 적응할 수 있었고, 미숙함은 더 넓은 배움과 사회화의 기회를 여는 조건이 되었다.

하지만 지금은 어떠한가? 어느 순간부터 공동체가 아이를 돌보는 문화는 우리 사회에서 점차 사라졌다. 육아는 부모, 그중에서도 개별 가정이 떠안는 고립된 책임이 되었다. 어린아이가 사회적 부적응이나 심리적 어려움을 겪으면 많은 사람들은 먼저 "부모가 아이를 어떻게 키웠길래?"라고 묻는다. 그 순간 부모는 과도한 죄책감과 자기 비난에 짓눌리게 된다. 그런데 한 아이의 어려움이 단 하나의 원인에서 비롯될 수 있을까? 부모의 양육 방식이 한 요소가 될 수는 있다. 그러나 사회적 안전망의 부족, 경제적 불황, 과도한 경쟁 환경, 불충분한 보육 인프라, 정책적 지원의 미비 등 수많은 사회적 요인을 함께 살펴야 한다.

맞벌이가 보편화된 시대에 지역사회나 직장이 육아를 함께 지지해 준다면, 부모는 더 안심하고 아이를 맡길 수 있고 퇴근 후에는 아이와 온전히 함께할 시간을 보낼 수 있을 것이다. 사회가 아이를 함께 돌보는 구조를 회복할 때 아이는 부모와 함께 공동체 전체의 보살핌 속에서 안정적으로 성장할 수 있다. 그러나 오늘날 우리는 정서적·사회적 성장에 어려움을 겪는 아이들이 늘어나는 현실을 마주하고 있다. 그 원인을 개인이나 가정의 책임으로만 돌릴 수 없다, 아이들이 자라면서 자신을 보호하고 지지해 줄 사회적 시스템을 충분히 경험하지 못한 것이 더 큰 원인일 수 있기 때문이다.

에리히 프롬은 인간이 미숙한 상태로 태어난다는 사실이 단순한 생물학적 약점이 아니라 오히려 인류의 발전에 결정적으로 기여한 조건이라고 말한다. 그는 이렇게 설명한다.

> "인간은 어떤 동물보다 오랫동안 부모님에게 의존하고, 주위 환경에 대한 인간의 반응은 자동적으로 조절되는 본능적 행동보다 훨씬 느리고 덜 효과적이다. 본능적 장비가 없으니까 당연한 일이지만, 인간은 온갖 위험과 두려움을 겪는다. 하지만 인간의 무력함이야말로 인간의 비약적 발전의 발판이 된다. 인간의 생물학적 약점은 인간 문화의 조건이다."
>
> - 에리히 프롬, 『자유로부터의 도피』, 김석희 옮김, 휴머니스트, 2012, 47쪽

인간은 태어날 때부터 불완전하고 타인의 도움 없이는 살아갈 수 없는 존재이지만, 바로 그 의존성과 미숙함이 인간을 배우고 협력하여 문화를 만들어 가는 존재로 성장시키는 힘이 되었다. 이와 같은 관점을 에릭 호퍼도 강조한다.

> "치유할 수 없는 불완전함 때문에 인간은 영원히 미숙한 존재로 남아, 끝없이 배우고 성장할 수 있었다."

- 에릭 호퍼, 『인간의 조건』, 정지호 옮김, 이다미디어, 2014, 13쪽

이 말처럼 인간은 자신의 부족함을 인식하고, 그것을 채우려는 노력 속에서 개인을 넘어 사회와 문화까지 발전시켜 왔다. 완성된 상태로 태어났다면 배움도 성장도 필요 없었을 것이다. 결국 인간의 미숙함은 약점이 아니라 가능성이다. 우리는 태어날 때부터 스스로를 완성해 가는 여정 위에 놓인 불완전한 존재인 것이다.

하나는 품에서 시작한다

....

어머니 품에 안긴 갓난아기는 '치유할 수 없는 불완전함'을 지닌 미숙한 존재로 세상을 시작한다. 아기는 혼자 힘으로는 아무것도 할 수 없고 돌봄 없이는 살아갈 수 없다. 하지만 그 미숙함 안에는 누구도 쉽게 외면할 수 없는 강력한 생존 전략이 숨어 있다. 바로 아기의 얼굴이다. 아기는 보는 사람의 마음을 자연스럽게 끌어당기는 얼굴이 있다.

에마뉘엘 레비나스(Emmanuel Levinas)는 이를 윤리의 출발점으로 보았다. 그는 "얼굴은 타인을 향한 윤리적 요청"이라고 말하며, 타인의 얼굴 앞에서 우리는 책임과 응답의 의무를 느끼게 된다고 설명했다. 그러나 SNS가 일상이 된 오늘날, 많은 사람이 얼굴을 마주하는 일보다 문자로 감정을 나누는 방식을 더 편하게 느낀다. 고백도, 사과도, 이별도 문자로 대신하면서 얼굴을 마주하는 관계의 무게를 피하려는 습관이 자리 잡았다.

이처럼 타인의 얼굴은 우리에게 윤리적 선택을 요구하는 존재로 느껴지기도 한다. 그래서 사람들은 고개를 돌리고, 더 안전하고 덜 복잡한 방식으로 관계를 맺으려 한다. 하지만 아기의 얼굴 앞에서 우리는 책임을 느끼되 부담스럽지 않다. 자연스럽게 손이 가고 마음을 열게 만드는 얼굴은 아기가 지닌 가장 강력한 생존 전략이다. 그렇지만 이 얼굴만으로 세상을 살아갈 수는 없다.

태어난 직후, 아기는 수중 환경에서 육지 환경으로 급격히 전환된다. 탯줄이 끊어지며 자궁 속에서 어머니를 통해 공급받던 산소와 영양이 중단되고, 아기는 스스로 호흡을 시작하며 인생 첫 독립적 행동을 한다. 감각 환경도 크게 달라진다. 양수에 의해 차단되었던 외부의 소리는 훨씬 또렷해지고, 어두운 자궁에서 거의 느껴지지 않던 빛이 눈을 자극한다. 자세 역시 바뀐다. 자궁 안에서 머리를 아래로 하고 몸을 웅크리던 태아는 세상에 나오면서 머리를 몸과 수평으로 두거나 위로 들어 올리는 자세로 바뀌게 된다.

아기는 출생 순간부터 호흡과 감각, 자세, 온도, 촉감 등 여러 측면에서 급격한 변화를 겪는다. 그럼에도 대부분의 아기들은 놀라울 만큼 빠르게 적응한다. 이는 인간에게 환경에 맞춰 살아남으려는 강한 생물학적 능력을 지니고 있다는 증거다. 그러나 이 빠른 적응은 아기 혼자만의 힘으로 이루어지지 않는다. 이 시기에 부모와 주변 환경의 역할이 매우 크다. 자궁 속만큼의 완전한 보호를 제공할 수는 없지만 부모는 아기가 낯선 자극에 불안해하지 않도록 태내에서 느꼈던 안정감에 가까운 환경을 만들어 줄 필요가 있다. 아기는 태어난 뒤에도 한동안 태내에서 형성된 심리 체계를 그대로 유지하기 때문이다. 겉으로는 세상에 나왔지만 심리적으로는 여전히 자궁 속의 일체감과 따뜻함, 보호감을 필요로 하는 시기다. 따라서 조용한 공간, 포근한 스킨십, 일정한 리듬의 자장가, 따뜻하고 안정된 품은 아기가 태내에서의 연속성을 느끼며 새로운 세계에 부드럽게 적응하도록 돕는다.

마가렛 말러(Margaret Mahler)는 아기가 출생 직후 일정 기간 동안 자궁 속에 머물 때처럼 외부 세계와 거의 단절된 심리상태를 유지하는 시기를 '자폐기(자폐 단계)'라 불렀다. 여기서의 자폐란 병리적인 현상이 아니라 아기가 오로지 자기 안의 세계에 머물며 스스로를 보호하는 원초적인 상태를 뜻한다. 타자와 관계를 맺기 위해서는 자기 내면과 외부 세계를 구별하고, 외부 자극을 안에서 일관되게 정리할 수 있는 능력이 필요하다. 그러나 이 시기의 아기는 자신과 세상을 구별하지 못하고 둘을 하나로 느끼는 단계에 머문다. 즉, 외부 세계를 충분히 인지하지 못한 채 모든 심리적 에너지가 자기 자신을 향하는 '일차적 자기애' 상태에 놓이는 것이다.

이 시기의 애착은 부모가 아기에게로 일방적으로 주는 관계에 가깝다. 아기는 무력한 상태에서 얼굴 표정과 울음으로 자신의 필요를 드러낼 뿐이다. 그럼에도 부모는 그 표정과 울음에 담긴 무언의 요구에 자연스레 응답한다. 이런 꾸준한 응답을 통해 아기 안에는 세상과 사람들에 대한 첫 신뢰감이 싹트기 시작한다. 이 신뢰의 새싹은 앞으로 살아가면서 마주할 시련을 견디는 힘과 희망의 기반이 된다.

자폐기가 지나 생후 2개월쯤 되면 아기는 자기의 욕구를 충족시켜 주는 대상을 희미하게 인식하기 시작한다. 아직 대상과 자신을 분리해서 인식할 수는 없지만, 어머니를 자신과 하나처럼 느끼는 공존의 상태를 경험하게 된다. 말러는 이 시기를 '공생기(공생 단계)'라고 불렀다.

공생기에서 아기와 어머니가 서로를 하나처럼 느끼는 교감은 아기뿐 아니라 어머니에게도 특별한 기쁨과 충만감을 준다. 이런 일치감의 경험은 우리 삶에서도 깊은 의미를 지닌다. 영혼의 단짝과 나누는 우정, 사랑에 빠진 연인 사이의 몰입, 혹은 자신이 깊이 사랑하는 일에 완전히 잦아드는 순간, 우리는 대상은 달라도 일치감이 주는 안정감과 환희를 다시금 경험한다.

이 일치감에서 느끼는 기쁨과 안정감은 앞으로 닥쳐올 시련을 견디게 하는 강력한 희망이 된다. 미지의 세계를 탐색하는 아기에게도, 새로운 환경에 들어서는 신입생이나 신입사원에게도, 은퇴 후 낯선 삶을 맞이하는 노부부에게도 삶의 새로운 여정을 시작하는 사람에게는 모두 이러한 안정감의 토대가 필요하다.

그런데 우리는 살아가면서 누군가와 진정으로 하나가 되어 마음에 걸림 없이 기쁨을 느끼는 순간을 얼마나 자주 경험할 수 있을까? 주변을 둘러보면, 곁에 있는 친구나 동료조차 함께 문제를 풀 동반자라기보다 경쟁 상대로 인식하는 경우가 많다. 서로 도우며 성장하기보다는 앞서는 사람을 경쟁으로만 받아들이는 분위기 속에서 우리는 긴장을 놓기 어렵다. 연인 관계 역시 마찬가지다. 연인이라 해도 내가 가진 조건(재산, 학벌, 권력, 외모 등)을 더 사랑하는 것이라면, 그 관계에서 진정한 사랑이나 기쁨을 느끼기 어렵다. 부모와 자녀 사이에서도 매한가지다. 사랑이라는 이름 아래 자녀의 생활 전반에 과하게 개입하고 통제하려 든다면, 그곳은 안정감의 요람이 아니라 숨 막히는 구속의 공간이 될 뿐이다.

그들이 입버릇처럼 "우리는 하나"라고 속삭여도, 그 말에서 안정감이나 행복을 느끼긴 어렵다. 오히려 그 말이 더 큰 불안과 결핍감을 불러올 수도 있다. 그들이 부르짖는 '하나'란 상대를 독립된 주체로 보지 않고 대상화하거나 소유하려는 욕망에서 비롯된 경우가 많기 때문이다. 이런 왜곡된 '하나 됨'은 상대를 숨 막히게 하고 결국 서로의 성장을 가로막는다.

'헬리콥터 맘'은 자녀의 곁을 끊임없이 맴돌며 모든 일을 챙기고 과도하게 개입하는 부모를 가리킨다. 이런 부모는 자녀를 독립된 존재로 보기보다 자신과 지나치게 동일시하며 많은 결정을 스스로 해 주려 한다. 이런 환경에서 자란 아이는 자기 결정을 스스로 내리기 어려운 성인으로 성장할 수 있다. 부모가 자신의 삶에서 주체성을 세우지 못할수록 자녀에게 과도하게 의존하려는 욕구가 커지고, 그만큼 자녀의 독립 역시 방해받는다.

이러한 수동적이고 억압적인 관계는 프리드리히 빌헤름 니체(Nietzsche, Friedrich Wilhelm)가 『차라투스트라는 이렇게 말했다』에서 비유한 '낙타'와 같다. 니체가 말하는 낙타는 "공경하고 두려워하며, 무거운 짐을 묵묵히 감내하고 복종하는 존재"[1]다. 이 낙타가 짊어진 짐은 또래 관계나 시험, 연애, 직장, 결혼, 육아 등 우리가 살아가면서 맞닥뜨리는 여러 과제들을 상징한다. 결국 이런 짐은 누구나 지고 살아가는 것이기에, 우리 모두는 어느 정도 '낙타'일 수밖에 없다.

---

1 이진우, 『니체의 인생 강의』 휴머니스트, 2016, 129쪽 참조

낙타라는 존재가 본질적으로 문제라는 뜻은 아니다. 주어진 삶의 과제를 책임 있게 감당하려는 태도는 분명 의미가 있다. 다만 낙타는 자신이 왜 이 짐을 지는지, 그 짐이 진짜 자신의 몫인지 스스로 묻지 않는다는 데에 한계가 있다. 복종하는 마음으로 모든 짐을 떠안지만, 그것이 왜 자신의 짐인지 스스로 묻지 않는다는 것. 이것이 낙타 정신의 가장 큰 문제다.

우리가 삶의 수많은 과제 앞에서 단 한 번의 질문도 던지지 않은 채 사회적 통념이나 타인의 기대에 자신을 맡긴다면, 우리는 영원히 '낙타'의 단계를 벗어날 수 없다. 사회적 욕망과 타인의 기대에 맹목적으로 의존하는 부모와, 그런 기대 속에서 스스로 결정하는 법을 잊어버린 자녀 역시 이런 의미에서 낙타와 다르지 않다. 스스로 결정하거나 질문하지 않고 복종만 하는 낙타는 겉으로는 열심히 사는 듯 보이지만 내면에서는 통제할 수 없는 무력감을 느끼기 쉽다. 삶의 모든 명령과 규범이 자기 밖에서 주어지는 탓에, 스스로 변화를 예견하거나 운명을 개척할 동력을 상실했기 때문이다.

타인을 소유함으로써 결핍을 채우려 하거나, 타인의 기대에 맹목적으로 복종하며 안주하려는 왜곡된 '하나 됨'은 질문을 잊은 채 사막을 걷는 낙타의 운명과 닮아 있다. 하지만 여기에도 희망의 틈새가 존재한다. 니체가 통찰했듯, 가장 깊은 사막을 횡단하던 낙타조차 어느 순간 멈춰 서서 "나는 왜 이 무거운 짐을 지고 있는가?"라는 근원적인 물음을 자신에게 던지기 시작하기 때문이다. 과도한 의존과 보호의 그늘 아래서 자란 사람도 생의 어느 지점에서는 반드시 이와 같은 질문과 맞닥뜨리게 된다. "이 욕망은 정말 나의 것인가?", "이 삶은 누구를 위한 것인가?"라는 질문을 던지는 순간, 그는 더 이상 복종하는 낙타가 아니다.

자기 삶의 주인이 되기 위한 첫 조건은 내가 지고 있는 짐의 의미를 스스로 묻는 것이다.

"왜 나는 이 짐을 지고 가는가?"

이 질문을 마음에 두면서, 다시 아기와 어머니의 이야기로 돌아가 보자.

아기와 어머니가 공생적 일치감(하나의 의식)을 통해 안정감과 긍정적인 감정을 느끼려면 몇 가지 과정이 필요하다. 앞에서 말했듯, 공생기에서 아기는 자신의 욕구를 채워 주는 대상을 희미하게 인식하기 시작한다. 아기가 배고파 칭얼거리면 누군가 따뜻한 젖을 준다. 기저귀가 불편해 울면 보송보송한 새 기저귀로 갈아 주고, 졸려서 짜증을 내면 포근한 품에 안아 자장가를 불러 주며 재워 준다. 이때 아기는 "내가 원하면 누군가 그것을 해 준다"는 감각을 배운다. 실제로는 양육자가 욕구를 충족시킨 것이지만, 아기는 마치 그 대상을 자기로부터 불러낸 것처럼 느낀다. 이것이 심리학에서는 말하는 '유아적 전능감'이다. 이 감각은 공생기의 중요한 기반이 되고, 세상과의 첫 관계 형성에서 결정적인 역할을 한다.

유아기 초기에 경험하는 유아적 전능감은 에릭 에릭슨(Erik Erikson)의 유아기의 심리사회적 위기인 '기본적인 신뢰 대 기본적인 불신'의 형성에 직접적인 영향을 미친다. 에릭슨의 심리사회적 발달 이론에 따르면, 아기가 자신의 욕구에 대해 적절하고 일관된 응답을 받을 때 세상에 대한 기본적인 신뢰가 형성된다. 아기는 세상을 자신을 알아주고 채워 주는 안전하고 신뢰할 만한 곳으로 경험하게 된다. 반대로, 이 경험이 안정적으로 쌓이지 않으면, 아기에게는 불안과 불신이 자리 잡기 쉽다. 예를 들어 어느 날은 아기가 울 때마다 젖을 물리다가 또 다른 날에는 정해진 시간표대로만 수유한다면 아기는 자신의 욕구가 언제 충족될지 예측하지 못해 불안과 혼란을 느낄 수밖에 없다.

이러한 혼란은 비단 아기만의 문제가 아니다. 만약 우리가 낯선 학교에 전학을 갔는데, 수업 종과 상관없이 갑자기 수업이 시작되거나 시간표와 다른 교실에서 수업이 열린다면 어떨까? 우리는 곧 혼란을 겪고 학교라는 공간을 신뢰하게 어렵게 될 것이다. 더 나아가 그 상황에서 소외감을 느끼거나 우울해질 수도 있다. 이 혼란은 예측 가능성이 없을 때 생긴다. 우리가 미래를 불안하게 느끼는 이유 역시 다음에 무엇이 일어날지 알 수 없기 때문이다. 반면 규칙과 일관성이 지켜지면 다음에 일어날 일을 예측할 수 있고 이를 통해 불안과 긴장도 크게 줄어들 수 있다.

따라서 아기의 삶에서 일관성 있는 돌봄은 매우 중요하다. 아기가 욕구를 표현할 때마다 즉각적이고 일관된 반응을 받으면 부모뿐 아니라 세상 자체를 신뢰하게 된다. 이런 경험은 아기에게 자신이 소중한 존재라는 감각을 심어 준다.

유아는 같은 놀이와 이야기를 반복해도 지루해하지 않는다. 어른에게는 단조로워 보이는 반복도 아이에게는 흥미롭고 즐거운 활동이다.

아이들은 놀이의 규칙이나 이야기의 패턴을 천천히 익혀 가며, 그것을 자기 것으로 만들어 가는 과정 그 자체를 즐기기 때문이다.

예를 들어 옛이야기 『팥죽 할머니와 호랑이』를 들려주면 호랑이를 혼내는 장면이 길고 반복된다. 아이들은 처음에는 이야기를 듣기만 하지만, 반복할수록 알밤 다음에는 자라가 나오고, 그다음엔 쇠똥이 등장한다는 규칙을 하나씩 익혀 간다. 이렇게 스스로 패턴을 이해하고 순서를 익혀 가는 과정 자체가 아이들에게는 즐겁고 의미 있는 경험이다.

결국 아이들은 멍석과 지게가 나와 호랑이를 연못에 빠뜨리는 결말까지 모두 기억한다. 그래서 이야기를 들려줄 때 순서가 바뀌거나 하나의 과정을 빠뜨리면 아이들은 정확히 지적하며 바로잡으려 한다. 그것은 단지 이야기가 틀렸기 때문만이 아니라 자신에게 익숙한 이야기 흐름이 깨지면 낯설고 혼란스럽기 때문이다. 송곳이 호랑이 엉덩이를 찌르고 절구가 머리를 때리는 장면의 순서가 바뀌기만 해도 아이들에겐 전혀 다른 이야기처럼 느껴진다.

익숙한 이야기 흐름이 예상대로 이어질 때 아이들은 가장 큰 안정감을 느끼고 이야기를 더욱 즐길 수 있다. 이처럼 예측 가능성과 일관성은 아이들의 심리적 안정과 세상에 대한 신뢰 형성에 중요한 요소다. 부모가 일관된 태도를 보이면 아이가 세상을 안전하고 믿을 만한 곳으로 느끼는 데 큰 도움이 된다.

자녀 문제로 고민하는 부모 중에는 어릴 때 억압적인 부모 아래서 상처를 받아, 자신만은 아이를 자유롭게 키우고 싶었다고 말하는 이들도 있다. 하지만 그렇다고 해서 이들이 아이를 지나치게 자유롭게 키

위서 문제가 생긴 것은 아니다. 더 근본적인 문제는 '자유롭게 키우겠다'는 명분 아래 부모가 일관성을 유지하지 못하는 데 있다.

예를 들어 부모의 기분에 따라 규칙이 달라질 때 아이는 혼란을 느낀다. 기분이 좋을 때는 게임 시간을 넘겨도 괜찮다가, 다른 날에는 같은 행동을 두고 갑자기 꾸중을 듣는 식이다. 이런 불규칙함이 반복되면 아이는 부모의 말을 신뢰하기 어렵게 된다.

아이가 세상에 대한 최초의 믿음은 바로 부모의 일관된 태도에서 시작된다. 부모가 일관성을 유지할 때, 아이는 자신이 안전하게 보호받고 있다는 감각을 얻고, 세상이 믿을 만한 곳이라는 신뢰도 자연스럽게 형성된다.

에리히 프롬(Erich Fromm)은 아기의 자기중심성에 대해 설명하며, 아기는 아직 타인을 자기 자신과 분리된 존재로 경험하지 못하기 때문에 양육자가 자신을 어떻게 대하는지가 곧 자기 인식으로 이어진다고 말한다. 다시 말해, 아기는 부모가 자신을 대하는 방식을 통해 '나는 어떤 존재인가'를 배운다.

하지만 아기가 보내는 신호에 부모가 민감하게 반응하지 못하거나, 무관심하게 지나친다면 애착 형성은 어려워진다. 아기가 울 때 부모가 함께 불안해하고 감정적으로 반응해도 마찬가지다. 또 아기가 불편함과 필요를 표현했는데도 해결이나 호응을 받지 못하는 상황이 반복된다면, 아이는 점차 기대나 요구를 하지 않게 되고 주변 사람에게 관심과 흥미도 잃게 된다.

이러한 좌절이 반복되면 아기는 세상과 사람에 대한 기대를 점차 내려놓게 된다. EBS 특별기획 《아기 성장 보고서》 3부 〈애착! 행복한 아기를 만드는 조건〉(2006.05.03)에서도 언급되듯, 반복적인 무응답과 좌절의 경험은 아기로 하여금 세상을 믿기 어렵고 불안한 곳으로 느끼게 만든다. 더 나아가 아기는 자신이 중요하지 않은 존재라고 느낄 수도 있다. 아기는 왜 이런 일을 겪는지 설명을 들을 수도 없기 때문에, 무력감은 더 깊어진다.

리들로프(Jean Liedloff)는 아기와 어머니가 깊이 일치하며 연결되는 시기를 '품의 단계'라고 불렀다. 그녀는 "태어나서 기기 시작할 때까지의 기간에 아기는 경험을 수용하고 타고난 기대를 충족하면서 새로운 기대나 바람을 품고, 또다시 그 기대를 충족한다"[2]고 설명한다. 아기는 자신의 "기대와 성향이 형성된 환경과 일치하는 환경 속에서 그런 기대와 성향에 부합하는 경험을 끊임없이 해야 한다."[3] 이 경험을 통해 아기는 어머니와 자신이, 과거와 현재의 자신이, 가족과 자신이 서로 끊어지지 않고 연속적으로 이어져 있다는 개인적 연속성을 형성한다.

리들로프에 따르면 예콰나족 아기들은 문명사회의 아기들보다 훨씬 오래 어머니 품 안에서 지낸다. 예콰나족 부모들은 자녀가 7~8세가 되어서도 아이가 원하면 품 안에 머무는 것을 허락한다. 충분한 시간 동안 품속에서 연속성을 경험한 아이들은 분리 불안을 거의 겪지 않는다. 품속에서 누리는 충분한 안정감과 신뢰가 이미 탄탄히 자리 잡았

---

2   진 리들로프, 『잃어버린 육아의 원형을 찾아서』, 강미경 옮김, 양철북, 2012, 92쪽
3   진 리들로프, 같은 책, 59쪽

기 때문이다.

이제 유아기 초기의 예콰나족 아기를 둘러싼 환경을 살펴보자.

"연속성 아기는 태어난 순간부터 어디든 따라다닌다. 배꼽이 떨어지기도 전에 아기의 삶은 이미 활동으로 충만하다. 아기는 대부분의 시간을 잠으로 보내지만, 잠들어 있을 때조차 자기 부족의 목소리와 활동하는 소리에 익숙해진다. 경고도 없이 몸이 쿵쿵 부딪히고 움직이거나 갑자기 움직임이 멈추고, 보호자가 일을 하면서 자세를 바꾸느라 자신을 번쩍 들어 올릴 때마다 느끼는 상승력과 압력, 낮과 밤의 주기, 살갗에 와 닿는 천의 느낌과 기온의 변화, 살아 있는 신체에 지그시 눌릴 때 느끼는 안전함과 편안함까지 자연스럽게 경험하며 익숙해진다. 자신이 이 모든 것들로부터 떨어져 있지 않은 한, 아기는 스스로 이런 환경을 간절히 원하고 있다는 사실조차 의식하지 못한다. 이 무조건적이고 자연스러운 환경을 기대하는 아기의 타고난 욕구와 그런 환경만을 지속적으로 경험하는 현실이, 아기가 속한 종의 연속성을 유지하는 기반이 된다. 아기는 모든 것이 충분히 충족되었기 때문에 울음소리로 신호를 보낼 필요도 없다. 그저 충동이 생길 때면 젖을 빨고 그 자극이 충족되는 것을 즐기고, 배변 자극과 그것이 해소되는 것을 즐길 뿐이다. 다른 때는 주변의 모든 것을 배우는 데 열중할 뿐이다."

- 진 리들로프, 같은 책, 92쪽

이처럼 아기는 겉으로 보기에는 "하는 일이 거의 없어 보이지만, 분주한 어머니 품 안에서 수많은 다양한 모험과 경험을 겪는다."[4] 그리고 어머니뿐만 아니라 주변 사람들이 아기가 보내는 신호를 정확하게 해석하고 민감하게 반응해 줌으로써, 아기는 신뢰와 안정감 속에서 기대가 충족되는 풍요로운 경험을 하며 성장할 수 있다.

품의 단계가 중요한 또 하나의 이유는 아기가 부모와 접촉을 통해 편안함과 안정감을 느끼기 때문이다. 심리학자 에릭슨(Erik Erikson)은 "접촉 없이는 성장이 불가능하며, 접촉 없이는 생명 자체가 존재할 수 없다."[5]라고 말한다.

이 접촉의 중요성은 심리학자 해리 할로우(Harry Harlow)의 유명한 원숭이 애착 실험에서도 분명하게 드러난다. 어미로부터 격리된 갓 태어난 새끼 원숭이들에게 두 종류의 어미 모형을 제시했는데, 하나는 우유가 나오는 차갑고 딱딱한 철사 어미였고, 다른 하나는 우유는 없지만 부드러운 헝겊으로 감싸 따뜻함을 주는 헝겊 어미였다. 실험 결과, 새끼 원숭이들은 오직 배가 고플 때만 철사 어미에게 갔고, 대부분의 시간은 부드럽고 따뜻한 헝겊 어미 곁에 머물렀다.

원숭이도 사람도 먹는 것만으로는 살아갈 수 없다. 부드럽고 따뜻하며 안정감을 주는 접촉은 생존과 성장에 필수적이다. 우리는 슬플 때 어깨를 토닥이며 위로하고, 어려운 순간엔 서로 안아 주며 격려한다. 기쁠 때면 손뼉을 마주치고, 좋은 일이 생기면 서로 손을 잡고 기쁨을

---

4   진 리들로프, 같은 책, 95쪽
5   에릭 에릭슨, 조앤 에릭슨, 『인생의 아홉 단계』 송제훈 옮김, 교양인, 2019, 19쪽

나눈다. 접촉은 인생의 첫 번째 소통 방식이다.

아기 역시 어머니의 품에서 처음으로 세상과 소통한다. 따뜻한 온기와 부드러운 손길, 다정한 말과 눈빛을 통해 자신이 소중하고 사랑받는 존재라는 메시지를 받는다. 이런 접촉 속에서 아기는 일치감의 세계를 조금씩 넓혀 가며 성장한다.

그리고 마침내, 어머니 품에 안긴 아기는 누구도 예상하지 못한 가장 아름다운 선물을 어머니에게 건넨다.

"엄마!"

최초의 타자를 만나다

····

아기가 태어난 지 10~12개월쯤 되면 처음으로 "엄마"라는 말이 나온다. 그 소리를 들은 어머니는 순간 멈칫한다. 지금, 정말 내 아이가 나를 부른 걸까? 어머니는 확인하듯 "엄마"를 몇 번이고 불러본다. 그러자 아이는 어머니를 바라보며 조심스럽게 소리를 되뇐다. "어~음~마."

자기가 낳은 존재에게서 '첫 불림'을 받는다는 것은 어떤 감정일까. 이 작고 경이로운 순간은 단순한 언어 습득이 아니다. 아기가 그동안 울음과 표정으로만 전하던 욕구를, 처음으로 단어 하나에 담아 어머니에게 건네는 순간이다.

빅뱅 이후 138억 년의 시간이 흐른 지금, 인간은 별과 우주를 바라보며 자신의 기원을 묻는 유일한 존재다. 어쩌면 우주는 누군가 자신을 불러 주기를 기다렸는지도 모른다. 아기가 어머니를 향해 처음으로 부르는 "엄마"라는 말은 그 근원을 향한 부름과 닮아 있다. 자기 존재의 시작을 향한 첫 호출이자, 세상에 나온 뒤 처음으로 타인을 향해 보낸 의식적인 신호, 그리고 '나'와 '너'의 관계가 시작되었음을 알리는 징표다. 어쩌면 "엄마"라는 부름은 존재를 가능하게 한 근원에게 바치는 기도인지도 모르겠다.

자기와 하나로 느껴졌던 사람. 품에 안겨 젖을 먹여 주고, 눈을 맞추며 조용히 말을 걸어오던 익숙한 얼굴. 아기가 처음으로 그 사람을 향해 "엄마"라고 발화하는 순간, 어머니는 아이에게 최초의 타자가 된다. 이는 단순한 언어의 시작을 넘어, 자기와 타자의 구분이 본격적으로 시작되는 첫 번째 경계선이다. 누군가를 부른다는 것은 그 대상이 나와 다른 존재임을 인식할 때만 가능하다. 내면의 나와 대화하기 위해서도 현실의 나와 마음속의 나를 구분할 수 있어야 한다. 그런 점에서 "엄마"라는 부름은 분화된 자아가 외부 세계와 맺는 첫 사회적 관계의 선언이다.

'엄마'는 아기가 최초로 입 밖에 내는, 관계를 시작하기 위한 첫 사회적 단어다. "생후 6개월 된 아기는 자기 어머니 얼굴의 원형 스키마(어떤 사건을 재창조하려 할 때 만들어지는 이미지의 토대)를 획득해서 어머니를 다른 여자와 구분할 수 있다."[6] 즉, 아기는 어머니와의 반복된 경험을 통해 '엄마'라는 존재의 감각적이고 정서적인 틀을 마음속에 만들고, 그 스키마를 바탕으로 어머니를 구별해 부를 수 있게 된다.

따라서 아기가 "엄마"라고 부른 사건은 우연이 아니다. 배가 고플 때, 기저귀가 젖었을 때, 심심하고 졸릴 때마다 자신의 신호에 어머니가 반복적으로 민감하게 반응했기 때문에 가능한 일이다. 아기는 자신의 욕구에 귀 기울여 주는 그 존재를 통해 세상은 응답 가능한 곳이라

6   제롬 케이건, 『무엇이 인간을 만드는가』, 김성훈 옮김, 책세상, 2020, 24쪽

는 기본적 신뢰를 얻는다. 그 신뢰는 건강한 자기애의 토대가 되고, 아기는 그 자기애 위에서 자신이 애착을 맺은 첫 타자를 향해 기꺼이 "엄마"라고 부른다.

이제 '엄마'로 불리는 사건의 또 다른 측면을 보자. 마르틴 하이데거(Martin Heidegger)는 "언어는 존재의 집이다"라고 말했다. 우리는 언어를 통해 세계와 사물, 그리고 자신을 인식한다. 언어는 단순한 의사소통의 도구일 뿐만 아니라 우리의 사고방식과 세계관에 깊은 영향을 미친다. 아이가 처음으로 '엄마'라는 말을 입에 올리는 순간, 그것은 이미 들었던 소리를 흉내 내는 행위가 아니다. 그 말은 아이가 세상 속 한 존재를 언어로 규정하며, 외부 세계와 처음으로 의미 있는 관계를 맺는 사건이다.

이러한 언어의 힘은 사회적 차원에서도 동일하게 작동한다. 우리가 세계를 '적자생존의 사회'라고 부를 때, 그 말은 단순한 설명을 넘어 우리의 사고방식과 사회 구조에까지 영향을 미친다. 그 틀 안에서 경쟁은 당연한 것이 되고, 승자독식의 논리는 자연의 섭리처럼 당연하게 받아들여진다. '적자생존'이라는 말이 언어적 토대가 되어, 그 위에 '경쟁', '성공', '패배', '계급', '부', '권력' 같은 단어들이 층층이 쌓이며 하나의 세계를 이룬다.

마찬가지로 아이가 "엄마"라고 부르는 순간, 그 말은 세계에 의미의 질서를 부여하는 첫 출발점이 된다. 아이는 '엄마'라는 단어 위에 신뢰와 애정, 보호와 온기라는 감정의 언어를 하나씩 쌓으며 자기 존재의 집을 지어 간다. 이때의 언어는 단순한 소리가 아니다. 자신과 타자를 구별하고, 나 아닌 존재를 향해 마음을 건네는 첫 방식이며, 세계를 해석하는 틀이 된다.

그렇다면 아이가 자기와 하나로 느껴졌던 사람을 '엄마'라고 부른다는 것은 어떤 의미를 지니는가. 그것은 어머니가 아이에게 '존재의 집'이 된다는 뜻이다. 아이는 생애 초기, 언어를 갖기 전까지 어머니를 통해 세상을 보고, 어머니의 반응을 통해 자신을 인식한다. 아직 '나'라는 존재를 분리해 인식하지 못한 채, 어머니와 자신을 하나로 느끼며 어머니의 감정과 말투, 관계 맺는 방식을 그대로 받아들인다. 아이는 아직 스스로를 담아낼 언어를 갖고 있지 않기 때문에 자기만의 집을 지을 수 없다. 그래서 어머니는 아이의 감각과 경험을 처음으로 품어 주는 틀, 곧 '존재의 집'이 된다.

아이가 처음으로 '엄마'라고 부른다는 것은 어머니를 하나의 타자로 인식하기 시작했다는 뜻이다. 동시에 언어를 통해 세상과 관계를 맺기 시작했다는 신호이기도 하다. 즉, 동일시의 상태에서 분리와 인식의 단계로 접어든 것이다. 아이는 '엄마'라는 타자를 언어로 불러냄으로써 자신과 세계를 구분하고, 자기 자신을 주체로 세울 수 있는 토대를 마련한다.

그런데 이 토대는 역설적으로 '나'에서 출발하지 않는다. 아이는 자기 내면의 욕구나 본질을 기초 삼는 대신, 타자인 어머니의 반응과 시선을 토대 삼아 그 위에 '나'라는 집을 짓는다. 즉, 인간은 타자라는 거울을 통해서만 자기를 인식할 수 있는 구조 속에서 자아를 형성한다. 바로 이 결핍된 구조 때문에, 우리는 성인이 된 이후에도 오랫동안 '진정한 나'의 얼굴을 찾지 못해 방황한다.

이 시기의 경험은 의식적으로 기억되는 것이 아니다. 말과 논리가 생기기 전에 몸에 각인되는 기억들이다. 그렇기 때문에 어머니와 아이가 어떻게 몸으로 관계를 맺는가는 결정적으로 중요하다. 아기를 어떻게 안고, 어떻게 쓰다듬고, 어떤 말투로 말하며, 어떤 눈빛으로 바라보았는지는 모두 몸에 새겨진다. 기저귀를 갈아줄 때, 졸려서 보챌 때, 떼를 쓸 때 어머니의 손길이 따뜻했는지, 말투가 다정했는지, 시선이 부드러웠는지는 훗날 아이가 자기 몸을 어떻게 느끼는지, 자신을 어떤 존재로 받아들이는지에 깊이 영향을 미친다.

몸은 감정을 저장하고 감각을 보관한다. 어머니의 돌봄은 단순한 육아를 넘어 '존재를 조각하는 응시'가 된다. 정신분석가 이승욱은 "존재는 응시에 의해 조각된다"고 말한다. 말보다 더 깊이, 시선은 존재를 만든다. 부모의 눈빛에는 피로와 연민, 짜증과 환희, 사랑이 함께 담긴다. 아이는 말보다 시선에 담긴 감정을 더 정확히 읽는다. 아직 언어로 의미를 해석할 수 없기 때문이다. 그래서 무심코 던진 짜증 섞인 시선은 아이에게 '내가 문제야'라는 감각으로 남고, 다정하고 따뜻한 시선은 '나는 괜찮은 존재야'라는 감각으로 남는다.

이 초기의 경험은 시간이 지나면 부모도 아이도 기억하지 못할 수 있다. 하지만 기억하지 못한다고 해서 그 경험이 사라지는 것은 아니다. 그것은 의식되지 않는 기억으로 남아, 자기 존재에 대한 근본적인 감각이 된다. 그래서 따뜻한 품으로 감싸 주고, 다정한 눈빛으로 바라보며, 부드러운 말로 아기를 불러 주는 어머니의 행동은 단순한 돌봄을 넘어선다. 말보다 먼저 전해진 사랑이 아이의 몸과 존재 깊숙이 새겨지는 순간이다.

의사소통의 첫 번째 언어가 '접촉'이라면, 두 번째 언어는 '눈을 마주 보는 것'이다. 에릭 에릭슨은 눈맞춤이 인간의 심리 발달과 생존에 필수적인 관계 형성이라고 말한다. 우리는 눈빛만으로도 많은 것을 주고받는다. 기쁨과 슬픔, 고마움과 거절의 감정까지. 말보다 빠르고, 때로는 말보다 더 진실하게 마음을 전하는 것이 눈빛이다. 하지만 상대와 시선을 마주하는 일은 사실 쉽지 않다. 동물 세계에서 눈맞춤은 위협의 신호이기 때문이다. 우리 역시 지하철에서 낯선 사람과 눈이 마주치면 본능처럼 시선을 피한다. 이런 반사적인 행동은 마치 야생의 규칙처럼 우리 안에 남아 있다.

그럼에도 불구하고 눈을 마주 보는 것은 인간만이 할 수 있는, 인간적인 행위다. 그것은 감정의 교감이고 관계의 시작이며, 무엇보다 서로를 '존재'로 확인하는 방식이다. 하루에 단 한 번이라도 누군가와 따뜻한 시선을 나눈 적이 있는가. 부부든, 부모와 자식이든, 연인이든, 친구든. 눈을 맞추며 교감할 수 있다면, 우리는 여전히 인간으로 살아가고 있다는 희망을 가질 수 있을 것이다. 이 따뜻한 시선 한 번이, 지친 하루를 살아 낼 힘이 되었으면 한다.

거울을 보다

....

우리는 매일 아침 거울을 본다. 하루에도 몇 번씩 그 앞에 선다. 하지만 거울에 비친 모습을 보며 그것이 허상일 뿐이라고 생각하는 사람은 거의 없다. 오히려 우리는 거울 속의 나와 현실의 나를 자연스럽게 동일시하며 살아간다. 심지어 어떤 사람들은 현실의 나보다 거울 속의 모습을 더 '진짜 나'라고 믿는다.

오늘날에는 거울을 넘어 사진과 영상이 더 중요한 거울이 되었다. 누구나 사진과 영상을 찍고 편집할 수 있는 시대에서, 사람들은 다듬어진 이미지 속의 나를 실제의 나보다 더 진짜처럼 받아들인다. 사진 속의 나조차 그대로 인정되지 않는다. 여러 차례의 편집과 보정을 거쳐 가장 만족스러운 모습이 되었을 때에야 비로소 '진짜 나'가 된다. 그렇게 선택된 최상의 이미지만이 인스타그램에 게시된다.

왜 우리는 현실의 나를 외면하고, 거울과 사진, 영상 속에서 편집된 이미지에 더 깊이 몰입하게 되었을까? 왜 현실보다 이상화된 이미지를 더 '나답다'고 느끼게 되었을까? 이 질문의 답을 찾으려면, 아이가 태어나 처음으로 거울을 마주하는 순간을 살펴볼 필요가 있다. 아기가 거울 속 자기 모습을 처음 인식할 때 벌어지는 일을 이해한다면, 우리가 왜 현실을 떠나 이미지 속의 나에 집착하게 되었는지도 훨씬 분명해질 것이다.

아이는 어머니와 완전히 밀착된 '하나'의 세계에서 출발해, 서서히 그 경계를 인식하는 과정을 거친다. 그 결정적인 사건이 바로 아이가 생애 처음으로 던지는 한마디, "엄마"라는 발화다. 아이가 두 발로 서기까지 수없이 뒤집고 배밀이하는 과정을 거치듯, '엄마'라는 짧은 단어를 뱉기 위해서도 어머니 품에서 눈을 맞추며 그 음성을 반복해서 들어 새겨 넣는 시간이 필요하다. 하지만 이 단계에서도 아이는 아직 어머니와 자신을 명확히 분리하지 못한다. 그래서 아이가 처음 내뱉은 '엄마'라는 말은 어머니를 부른다기보다, 자기를 향한 말에 가깝다. 아이는 어머니를 바라보며, 자기를 부르듯 '엄마'라고 말한다. 이때의 어머니는 독립된 타자가 아니라 아직 분화되지 않은 나의 일부분이자 나를 비추는 거울이기 때문이다.

시간이 지나면서 아이는 '나-엄마'의 동일시에서 벗어나, '엄마'라는 대상을 분명히 가리킬 수 있게 된다. 어머니와 자신을 희미하게나마 구분하기 시작하지만, 여전히 깊은 애착의 끈은 유지된다. 아이는 완전히 하나가 되고 싶다는 소망을 품은 채, 관계의 세계를 조금씩 넓혀 간다. 그리고 마침내 자아라는 독립된 존재로 세상에 첫발을 내딛기 시작한다.

어머니 품을 벗어나 기어다니기 시작한 아이는 이제 새로운 탐험의 여정을 시작한다. 지금까지의 세상이 '엄마와 나의 세상'이었다면, 이제 아이는 혼자 바라보는 미지의 세계를 향해 움직인다. 아이가 일어서서 첫걸음을 준비할 무렵, 세상을 향한 호기심은 폭발적으로 커진다. 서서 바라보는 세상은 기어다니며 보던 세상과 전혀 다르게 느껴지기 때문이다.

영화《죽은 시인의 사회》에서 존 키팅 선생님은 학생들에게 책상 위에 올라가 보라고 권한다. 단지 위치를 바꿨을 뿐인데도, 학생들은 같은 교실을 전혀 다른 낯선 공간처럼 경험한다. 키팅이 전하고자 한 메시지는 분명하다. 같은 세상도 어디서 바라보느냐에 따라 완전히 달라진다는 것이다.

이 지각의 변화는 아이가 평생 처음으로 두 발을 딛고 일어서는 순간에도 동일하게 일어난다. 기어다니던 아이가 처음 일어서서 바라보는 세상은 차원이 바뀐 것처럼 느껴진다. 평면적으로 보이던 세계는 입체적으로 펼쳐지고, 사물의 크기와 모양, 색깔까지도 다르게 인식된다. 이런 새로운 경험과 호기심은 아이가 수없이 넘어지면서도 다시 일어나 걷게 만드는 힘이 된다.

그런데 이렇게 세상을 향해 나아가던 아이의 발걸음을 돌연 멈춰 세우는 존재가 나타난다. 그것이 바로 '거울'이다. 거울 앞에 선 아이는 어떤 경험을 하게 될까. 이제 거울 앞에서 벌어지는 새로운 사건을 살펴보자.

"생후 6개월 정도 된 아이는 거울 속에서 자기 모습을 인지하고 기쁜 표정을 짓는다. 이 같은 반응은 인간에게서만 관찰되는 것으로, 침팬지처럼 인간과 가까운 동물에게서도 찾아볼 수 없는 현상이다. 침팬지의 경우 거울 뒤쪽을 확인하고, 거울에 비친 이미지가 실재가 아니라는 사실을 알게 되면 더 이상 흥미를 보이지 않는다. 하지만 아이는 거울 속의 이미지가 단지 이미지일 뿐 실재가 아니라는 것을 알면서도, 그것이 자기 자신임을 인식하고 계속해서 기쁜 표정을 짓는다."

- 무까이 마사아키, 『라캉 대 라캉』 임창석·이지영 옮김, 새물결, 2017, 25~26쪽

아이는 왜 거울 속에 비친 자신의 모습을 보며 그렇게 좋아할까. 그것은 지금까지 한 번도 경험하지 못했던 자기 몸의 전체 모습을 처음으로 확인하는 순간이기 때문이다. 아이가 거울 앞에서 자기 몸을 인식하게 되는 과정을 살펴보면, 그 환희의 이유가 자연스럽게 드러난다.

어머니 품속에 있을 때 아이는 아직 자기 신체에 대한 전체 이미지를 갖고 있지 않다. 몸을 자유롭게 움직일 수도 없고, 자신의 신체가 하나로 연결되어 있다고 느끼지도 못한다. 아이는 어머니의 반응을 통해 입과 손, 팔과 다리 같은 신체 부위에 전해지는 자극을 부분적으로 경험하며, 조금씩 신체 감각을 쌓아 왔다. 하지만 이 감각들은 아직 전체로 통합되지 못한 상태다. 팔과 다리는 마음대로 움직이지 않고, 자기 몸임에도 불구하고 낯설고 분리된 것처럼 느껴진다. 아이는 자기 몸을 하나로 연결된 전체로 경험하지 못하고 마치 '파편화된 신체의 조각들'로 경험한다.

이렇게 조각난 신체 감각을 하나의 완전한 이미지로 통합해 보여 주는 것이 바로 거울의 마법이다. 거울을 통해 아이는 지금까지 단편적

으로만 경험하던 자신의 몸을 처음으로 하나의 '전체상'으로 마주한다. 자기 신체에 대한 '토막 난 이미지'만을 가지고 있던 아이에게 거울은 흩어진 감각을 하나로 묶어 주는 결정적인 전환점이 된다. 거울 속 완전한 이미지를 목격한 아이는 처음으로 자기 존재를 온전한 하나로 느끼게 된다. 그래서 아이는 거울 앞에서 오랫동안 기쁨을 만끽한다.

아이는 거울을 통해 자기 얼굴과 팔다리, 몸 전체를 확인하며, 그동안 여러 조각으로 흩어져 있던 신체 이미지를 처음으로 하나의 완전한 모습으로 경험한다. 그리고 자연스럽게 거울 속 이미지와 자신을 동일시한다. 거울 앞에서 아이는 안심한다. 거울은 눈, 코, 입, 귀가 온전하게 자리하고 있고, 아직은 마음대로 움직이지 못하지만 팔과 다리도 제자리에 있다는 것을 확인시켜 준다. 이 입체적인 확인은 아이에게 "너는 흩어지지 않는, 온전하고 괜찮은 존재야"라는 무언의 위로를 건넨다. 아이가 거울 앞에서 오래도록 발을 떼지 못하는 이유는, 그 안온한 안정감 속에서 비로소 '나'라는 집의 형태를 확인했기 때문이다.

아이의 몸은 아직 미완의 상태이며, 자신의 의지대로 움직일 수 없다. 그러나 거울은 아이가 움직일 때마다 그 동작을 그대로 반영해 주고, 아이는 거울 속 이미지에서 강한 만족감을 느낀다. "아이는 거울 속 자신의 이미지를 발견함으로써 비로소 신체적 통일성의 개념을 갖게 된다."[7] 이 만족과 기쁨은 아이를 거울 앞에 붙잡아 둔다. 그것은 우리가 스마트폰 화면에서 끊임없이 자신을 확인하며 시선을 떼지 못하

7 백상현, 『고독의 매뉴얼』 위고, 2015, 143쪽

는 모습과도 닮아 있다.

거울에 비친 자기 이미지를 통해 아이는 자신이 '통합된 존재'라는 환상을 경험한다. 비록 현실 속의 아이는 여전히 누군가의 도움 없이는 생존할 수 없는 불완전하고 의존적인 존재일 뿐이지만, 거울 속 이미지는 아이가 장차 도달하고 싶은 '이상적인 자아'의 모습을 선사한다. 이 이미지와의 동일화는 신체적 통일감을 넘어 최초의 자아 개념이 형성되는 출발점이 된다. 결핍된 현실과 완벽한 환상 사이의 아슬아슬한 균형점 위에서 아이의 자아는 서서히 그 형태를 갖추며 자기 존재를 인식하는 토대로 굳어져 간다.

어머니와 자기를 동일시하는 것과 거울에 비친 이미지와 자신을 동일시하는 것은 모두 자아를 외부의 이미지에 기대고 있다는 점에서는 비슷하다. 그러나 중요한 차이가 있다. 어머니와의 동일화, 즉 엄마-자기 동일화는 아이가 성장하며 자신과 어머니를 분명히 구분할 수 있게 되는 순간 자연스럽게 해소된다. 반면 거울과의 동일화, 다시 말해 거울-자기 동일화는 시간이 지나도 쉽게 사라지지 않으며, 오히려 나이가 들수록 더 강력해질 수도 있다.

이러한 차이가 발생하는 이유는 명확하다. 어머니와의 동일화는 처음부터 완전한 자아 이미지를 제공할 수 없기 때문이다. 아이는 어머니를 통해 자신을 보지만, 그 모습은 늘 부분적이고 파편화된 이미지일 수밖에 없다. 따라서 어머니를 통한 동일화는 불완전하고 미숙한 자아를 마주하게 한다. 하지만 거울은 다르다. 거울은 파편화된 자기를 하나의 통합된 완전한 이미지로 보여 준다. 그 결과 아이는 자신을 불완전한 존재가 아니라 '완성된 전체상'으로 인식하게 되고, 이 환상에 붙들려 거울과의 동일화를 지속하게 된다.

이 거울의 마법은 유아기의 에피소드에 머물지 않는다. 자아를 '나를 나로 인식하는 방식'이라고 한다면, 거울을 통한 동일화는 평생에 걸쳐 우리를 지배하는 기나긴 서사가 된다. 실제로 성인이 된 지금도 우리는 거울 속 모습뿐 아니라 인스타그램 같은 소셜미디어에 올리는 편집된 이미지를 '통합되고 완성된 나'로 여기며 살아간다. 아이든 어른이든 이 환상에 놓여 있다는 점에서는 크게 다르지 않다. "라캉은 이것을 소외라고 부른다. 왜냐하면 인간은 외부 이미지에 자기를 의탁하고 그것을 자기라고 믿어 버리기 때문이다."[8]

결국 외부 이미지에서 얻은 '통합되고 완벽한 자기'라는 허상에 자아를 맡기면 맡길수록, 우리는 자기 자신으로부터 멀어지고 소외된다. 거울이 선사하는 완전한 전체상은 아직 자기 몸을 통제하지 못하고 불완전함을 경험하는 아이에게 눈부신 구원의 빛처럼 다가온다. 이 환상이 너무도 매혹적이기에, 아이는 자신을 잃어버리면서까지 그 이미지에 머물고자 한다.

현실의 자기를 외면할수록 우리는 '거울-자기 동일화'에 더 집착하고, 완벽한 이미지의 세계라는 견고한 성벽 안으로 숨어든다. 결국 소외는 환상에서 비롯된다. 우리는 거울 속에서 비로소 자기를 찾았다고 환호하지만, 실제로는 그 환상에 속아 피와 살을 가진 진짜 자신을 점

8   무까이 마사아키, 『라캉 대 라캉』 27쪽

차 잃어 가고 있는 것이다.

현실의 나라는 실재와 거울 속 나라는 허상 사이에는 근본적인 모순이 존재한다. 이 이질적인 둘을 하나로 통합하려는 시도는 필연적으로 허구를 낳고, 그 불협화음은 자아를 더 깊은 균열과 분열로 밀어 넣는다. 거울 속 이미지가 실재가 아님을 깨닫는 순간 거울 보기를 멈추는 침팬지와 달리, 인간은 허구임을 알면서도 기꺼이 그 이미지와 자신을 동일시한다. 거울 앞에 머무는 시간이 길어질수록 자기 소외는 깊어지고, 자아 내부의 균열 또한 돌이킬 수 없이 커져만 간다.

결국 자아의 문제는 통합이나 완전성에 있지 않다. 오히려 내면에 엄연히 존재하는 균열과 분열을 인정하고 받아들이는 과정에 가깝다. 허구임을 알면서도 환상을 버리지 못하는 우리는, 거짓과 기만, 유혹이라는 내면의 그림자에 끊임없이 흔들리며 환상을 실제로 믿고 싶어 한다.

이러한 욕망은 문학 속에서도 반복된다. 『프랑켄슈타인』에서 젊은 박사 프랑켄슈타인은 완벽한 생명체를 창조하고자 한다. 그러나 그가 만들어 낸 존재는 결코 그의 기대를 충족시키지 못한다. 완벽을 꿈꾸었던 그는 자신이 만든 생명체를 바라보며 이렇게 말한다.

"그의 팔다리 비율은 괜찮았고, 각 신체 기관들도 아주 보기 좋은 것들로 골랐었다. 그런데 보기 좋기는커녕! 오, 하느님! 근육과 혈관들이 누런 피부 위로 훤히 내비쳤다. 새까만 머리카락은 풍성하고 윤기가 흘렀으며 이빨은 진주처럼 새하얀 빛이었다. 그러나 그런 화려한 치장은 오히려 허연 눈동자와 창백

한 흰자위, 쭈글쭈글한 얼굴, 일자로 쭉 찢어진 시커먼 입술과 대조를 이루어

더욱 끔찍할 뿐이었다."

- 메리 셸리, 『프랑켄슈타인』 구자언 옮김, 더스토리, 2018, 75쪽

우리가 지으려는 자아의 집은 빅터 프랑켄슈타인이 품었던 오만한 욕망과 닮아 있다. 거울에 비친 완벽한 이미지로 자신을 창조하고 싶다는 환상은, 찢긴 살점들을 기워 완벽한 생명체를 탄생시키려 했던 그의 집착을 그대로 투영한다. 프랑켄슈타인이 만들어 낸 괴물은 파편화된 신체를 지닌 채 분열과 소외 속에서 살아가는 우리의 자아를 상징할지도 모른다. 괴물이 끝내 완전한 인간이 될 수 없듯이, 우리의 자아 역시 '완전한 전체성'이라는 환상의 끝에 도달할 수는 없다.

우리는 완벽한 이미지를 꿈꾸며 거울 속 환상에 집착하기도 한다. 동시에 현실 속에서 초라하고 미숙한 자신을 마주하며, 분열된 자아를 발견하기도 한다. 바로 이런 흔들림과 균열 속에서 자아는 성장하고 성숙한다. 우리의 인생은 환상과 현실, 완전과 불완전, 통합과 분열 사이를 오가며 살아가는 여정이다. 이러한 균열 속에서 흔들리며 성장하는 과정, 그것이 자아의 가장 근원적인 모습이다. 도종환 시인의 시처럼 흔들리지 않고 피는 꽃이 없듯이, 인간의 자아 역시 불안정한 흔들림 속에서 성숙이라는 꽃을 피울 수 있다.

그런데 거울 속 이미지와 자신을 동일시하려는 환상 안에는 또 하나의 욕망이 숨어 있다. 우리가 동일시하고 싶어 하는 그 완벽한 이미지조차, 사실은 진정으로 내가 원하는 모습이 아닐 수도 있다. 아이가 거

울에 비친 자신의 모습을 보며 정말 만족을 느끼고 있는 것일까. 그 이미지는 아이 자신의 마음에 들기 위한 것일까, 아니면 부모의 기대에 부응하기 위한 모습일까.

아이의 자아 형성 과정에서 거울을 마주하는 순간, 결정적으로 중요한 요소 아이가 의존하는 타자의 개념이다. "아이는 거울 속 자신의 이미지가 하나의 '정당한' 존재인지 아닌지를 부모 또는 부모의 역할을 하는 다른 어른의 보증 속에서만 확신할 수 있다. 거울을 보는 아이의 시선이 자신의 이미지를 확신하기 위해서는 언제나 타자의 시선이 아이 뒤에 존재해야만 한다."[9] 아이는 거울 속 이미지와 자신을 동일시하면서도, 부모의 응답과 인정을 필요로 한다. 거울에 비친 모습이 완전하고 이상적인 자기로 받아들여지기 위해서는, 아이 자신의 시선만으로는 충분하지 않다. 아이를 안고 함께 거울을 바라보는 어머니의 시선 그리고 그 시선에 담긴 애정 어린 인정이 반드시 필요하다.

이 비극적인 구조는 프랑켄슈타인의 서사에서도 잔인하게 반복된다. 괴물은 조각난 신체와 흉측한 외형으로 세상에 태어나기를 원하지 않았다. 불완전한 피조물인 괴물은 자신을 창조한 프랑켄슈타인의 시선과 애정을 갈망한다. 그러나 프랑켄슈타인은 자신의 피조물을 끝까지 외면한다. 결국 괴물은 자신을 거부한 창조자에게 이렇게 애원한다.

"아, 프랑켄슈타인. 다른 사람들에게는 공정하게 대하면서, 나만 짓밟지는

9　백상현, 『고독의 매뉴얼』 144쪽

말아 줘. 내게는 당신의 정의, 심지어 관대한 처분과 사랑이 가장 절실하게 필요하니까. 잊지 마. 나는 당신의 피조물이야."

- 메리 셸리, 『프랑켄슈타인』 146쪽

거울 속에 비친 모습은 결국 부모의 시선이 투사된 결과이며, 그 이미지와 자신을 동일시하기 위해서는 그 모습을 바라보고 인정하는 부모의 눈길이 반드시 필요하다. 그래서 "타자의 이미지가 자기 이미지가 된다면, 그것은 또한 자기 이미지가 타자의 것이라는 의미이기도 하다."[10]

이제 책을 잠시 내려놓고 거울 속 자신의 모습을 바라보자. 거울에 비친 그 모습은 과연 누구의 시선과 욕망에 의해 빚어진 이미지일까. 어쩌면 우리는 타자의 시선 속에서만 자신을 확인할 수 있는 존재이며, 그런 시선 없이는 살아갈 수 없는 '이미지의 포로'인지도 모른다.

인스타그램에 전시된 다른 사람들의 완벽한 순간을 보며 이유 없이 우울해진 적은 없는가. 그래서 나 역시 불행해 보이지 않기 위해 공간과 사람, 자기 자신을 완벽한 순간으로 편집한 적은 없는가. 우리를 둘러싼 현실은 스스로 완벽해질 수 없다. 그래서 우리는 불완전한 현실을 더 완벽한 이미지로 만들어 SNS에 올린다. 이제 우리에게 현실은 더 이상 '지금, 여기'의 생생한 체험이 아니라 SNS에 게시되어 타인에게 보여질 수 있는 순간만이 된다.

10　무까이 마사아키, 『라캉 대 라캉』 29쪽

아름다운 풍경 아래 여유로운 나, 특별한 공간에서 즐기는 식사, 짜 릿한 경험의 장면들. 그러나 이것만으로는 아직 충분하지 않다. 우리 는 다양한 편집 도구를 사용해 더 아름답게, 더 특별하게 다듬는다. 그 리고 진정한 완벽함은 그 사진이 인스타그램에 전시되어 타인의 '좋아 요'와 댓글을 받는 순간에 완성된다. 아무도 반응하지 않는다면, 그 경 험과 이미지는 순식간에 공허한 잔상이 되어 흩어지고 만다. 결국 나 의 이미지를 완벽하게 만들어 주는 것은 타인의 시선과 그들의 엄지손 가락이다.

아이가 거울 속 자기 이미지를 보며 환호하고 자신을 동일시하듯, 우리 역시 여전히 거울 속에 머물러 있다. 그 거울은 더 이상 유리로 된 거울이 아니라, 타인의 평가가 비치는 화면이다. 우리는 내가 원하 는 모습이 아닌 타인이 좋아할 만한 모습을 원한다. 내가 먹고 싶은 음 식을 먹기보다, 소개된 식당을 찾고, 마음이 이끄는 곳보다 인증샷이 될 장소를 선택한다.

이런 우리를 보며 자크 라캉(Jacques Lacan)은 이렇게 말했다.

"인간은 타인의 욕망을 욕망한다."

거울에 빠지다

....

"어느 날, 숲속에서 사냥을 즐기던 나르키소스는 갈증을 풀기 위해 어느 샘까지 오게 되었다. 그리고 물을 마시기 위해 몸을 굽혔는데, 그 속에 비친 자신의 모습에 그만 반하고 만 것이다. 물속에 비친 모습이 너무나 아름다워 나르키소스는 그것이 자신이 아니라 숲속의 요정이라고 여겼다. 그래서 그 요정에게 키스하려고 입술을 댔다. 그러나 이상하게도 입술을 대기만 하면 요정이 사라져 버린다. 다시 입술을 떼면 요정이 나타나고 키스하려고 하면 다시 사라진다. 이렇게 하여 자신을 사랑하게 된 나르키소스는 그 샘을 지키다 결국 죽고 말았다. 그리고 그가 죽은 자리에서 한 송이 꽃이 피었는데, 그것이 바로 수선화(나르시소스)이다."

- 다음백과 〈샘에 비친 자신에게 반한 나르키소스〉

'내가 곧 엄마'였던 초기 단계에서 아이에게는 쾌락과 불쾌 같은 원초적 감각만 존재한다. 이 감각들을 하나로 묶는 '나'라는 자아 개념은 아직 형성되지 않았다. 아이는 생후 약 6~18개월 사이, 거울 앞에 서서 자기 몸을 이리저리 움직이며 자신을 흉내 내는 이미지를 바라보게 된다. 그 순간 아이는 비로소 "아, 바로 저게 나구나"라는 인식을 갖게 된다.

자크 라캉은 이 시기를 '거울 단계'라고 부르며, 이때 비로소 자아가 형성된다고 말한다. 여기서 거울은 실제 거울일 수도 있고, 자아를 반영하는 상징적 이미지일 수도 있다. 이 시기의 아이는 여전히 신체 감각이 파편화되어 있어 자신의 몸을 온전한 전체로 느끼지 못한다. 그러나 거울 속 이미지는 신체적 통일성을 지닌 완전한 모습으로 나타난다. 아이는 이 완벽한 이미지와 자신을 동일시하며, 스스로를 전체적이고 완성된 존재로 느끼는 환상에 빠져든다. 그리고 그 이미지를 진정한 자기 자신이라고 믿으며 강한 애착을 형성한다. 현실의 자신 대신 허구의 이미지를 실제로 믿게 되는 이러한 자기애적 구조가 바로 나르시시즘이다.

따라서 나르시시즘은 단순한 '자기애'로 이해할 수 없다. 그것은 실제 자신을 사랑하는 상태가 아니라 거울이 만들어 낸 허상에 매혹되어 허구의 자아에 만족하는 의식에서 비롯된다. 이 자기애는 거울 단계에서 처음 형성되며, 성인이 된 이후에도 자아의 원형으로 남아 반복된다. 그래서 나르시시즘에 깊이 사로잡힌 사람은 자신을 특별하고 독창적인 존재로 느끼는 환상에 머물게 된다.

그렇다면 이런 자기애는 어디에서 비롯된 것일까. 우리는 왜 허구의 이미지를 자신이라고 믿게 되었을까. 그 답을 찾기 위해서는 다시, 거울 속 자기 이미지가 처음 형성되던 원초적인 순간으로 돌아가 볼 필요가 있다.

유아기의 나르시시즘은 대개 만 세 살 무렵까지 지속된다. 세상이 자기 중심으로 움직인다고 믿는 유아적 전능감을 경험한 아이는, 거울 속 이미지와 자신을 동일시하며 완벽한 자기 이미지를 상상한다. 이 시기 아이는 나르시시즘의 발달 단계에 들어선다. 에릭 에릭슨은 이 시기의 심리사회적 위기를 '자율성 대 수치심과 의심'이라고 설명했다. 이때의 나르시시즘은 아이에게 "나는 무엇이든 할 수 있다"는 강한 자신감을 부여한다.

그 자신감은 먹을 것을 손에 꼭 쥐고 놓지 않으려 하거나, 수없이 넘어지면서도 끝내 일어서려는 고집으로 나타난다. "아이들의 태도는 장난스럽지만 동시에 단호하고 자기 만족적이다. 아이들은 무언가를 하려고 애쓰며 자신이 할 수 있음을 과시한다. 의지가 강할수록 아이들은 더 많은 것을 시도한다."[11] 아이의 시도가 늘어난다는 것은 그만큼 부모를 놀라게 할 행동도 늘어난다는 뜻이다. 하루에도 여러 번 물을 엎지르고, 밀가루를 쏟아 버리고, 손에 잡히는 모든 물건을 입에 넣거나 집어 던지고, 심지어는 뜨거운 난로에 다가가는 위험한 행동까지 한다. 그래서 사랑스럽던 아이는 어느새 '미운 세 살'이 되어 간다.

미운 세 살 나르시시스트가 자신을 "대단하고 전능하다고 여기는 것은 아주 자연스러운 일이다. 아이는 이러한 태도와 함께 자기 마음대로 자격을 부여할 수 있다는 기분에 빠진다. 이 의지가 좌절당하면 분

<hr>

11　에릭 에릭슨, 조앤 에릭슨, 『인생의 아홉 단계』 168쪽

노가 폭발할 수 있다."[12] 이때 아이는 자신의 행동이 제한될 때 수치심을 느끼기보다는, 자기 의지가 꺾였다는 사실에 분노를 느낀다.

문제는 이 유아적 나르시시즘이 성인이 되어서도 합리적으로 조정되지 못할 때다. 우리 주변에는 자신의 의견과 다르면 전혀 수용하지 못하거나, 명백한 잘못 앞에서도 오히려 타인에게 분노를 표출하는 사람들이 있다. 우리는 흔히 그들이 투철한 신념을 가졌다고 오해하곤 하지만 실제로는 "나는 언제나 옳다", "내 행동은 틀릴 수 없다"는 나르시시즘에 사로잡힌 경우도 적지 않다.

가벼운 자기애라면 웃어넘기거나 피할 수 있다. 그러나 독선적인 나르시시즘은 다르다. 이들은 자신이 절대적으로 옳다는 도덕적 우월감에 빠져, 타인에게 상처를 주고도 부끄러움을 느끼지 못한다. 심지어 자신의 공격적인 말과 행동을 상대를 성장시키기 위한 정의롭고 선한 행위라고 착각하기도 한다.

주변에 이런 사람이 있다면, 가능한 한 거리를 두는 것이 좋다. 우리 역시 일상에서 여러 가면을 쓰고 살아가지만, 최소한 '철면피'의 가면은 쓰지 않도록 조심해야 한다. 자기 자신을 객관적으로 돌아볼 줄 알고, 타인의 마음을 헤아릴 수 있는 사람이 되기 위해서다.

소외는 외부 이미지에 자기를 맡기고, 그 허상을 자기 자신이라고 믿는 데서 출발한다. 이런 맥락에서 나르시시즘은 소외의 시작점이라 할 수 있다. 거울에 비친 이상적인 이미지와 자신을 동일시하는 순간,

---

12   샌디 호치키스, 『나르시시즘의 심리학』 이세진 옮김, 교양인, 77쪽

현실의 불완전한 자기는 배제되고 외면당한다. 그 결과 자아 내부에는 균열이 생기고, 분열과 공격성이 자라난다. 이 내면의 분열은 닿을 수 없는 연못 속 이미지를 사랑한 나르키소스의 신화를 떠올리게 한다. 자기 자신을 사랑한다고 믿었지만, 실은 도달할 수 없는 환상에 매혹된 이야기다.

많은 내적 갈등은 바로 여기서 시작된다. 내면의 균열은 시간이 지나면서 자기 거부와 자기 부정의 감정으로 드러난다. 특히 신체와 정서, 개인과 사회 사이의 인식이 어긋나는 사춘기의 청소년들은 이러한 부조화 속에서 더욱 극심한 내적 갈등을 경험한다. 그 갈등은 때로 자기 파괴적 행동이나 공격성으로 표출되기도 한다. 그러나 이를 단순히 교정해야 할 '문제행동'으로 치부해서는 안 된다. 그것은 언어로 다 표현하지 못한 내면의 혼란과 고통을 표현하는 방식이며 자아를 통합하려는 몸부림으로 이해할 필요가 있다.

'나 같지 않은 나' 때문에 고통받는 청소년들의 내면에도 프랑켄슈타인의 괴물은 자라고 있다. 그리고 그 괴물이 그들을 대신 외친다.

"나는 누구도 의지하지 않았고, 누구와도 관계가 없었지. '떠나는 길은 여전히 자유로우니까.' 내가 사라졌을 때도 슬퍼하지 않았어. 내 모습은 끔찍했고 몸집은 너무 거대했어. 그건 무슨 뜻일까? 나는 누구인가? 나는 어떤 존재인가? 나는 어디에서 왔는가? 목적지는 어디인가? 이런 질문들이 계속 꼬리에 꼬리를 물었지만 나는 그 어느 질문에도 대답할 수 없었지."

– 메리 셸리, 『프랑켄슈타인』 194쪽

자아란 박제된 사진처럼 고정된 하나의 실체가 아니다. 오히려 끊임없이 균열과 분열을 겪으며, 그것을 조율하고 통합해 가려는 '동적인 과정' 자체가 바로 자아다. '완벽한 통합'이란 도달할 수 없는 신기루일 뿐이다. 나르키소스가 수면 위에 비친 자기 모습에 매료되었으나 끝내 하나가 될 수 없었듯이, 나르시시즘에 빠진 자아는 자신을 움켜쥐려 할수록 모래알처럼 손가락 사이로 빠져나가는 소외를 경험한다. 욕망의 갈증 속에서 자기를 소유하려 할수록, 진정한 자아는 저 멀리 달아나 버린다.

결국 나르키소스는 자신의 욕망에 사로잡힌 채 파멸에 이르렀다. 그리고 우리 역시 환상에 매달릴수록 만족에 도달하지 못한 채, 자신을 소모하고 파괴하는 방향으로 기울 수 있다. 그러나 나르시시즘이 언제나 부정적인 것만은 아니다. 이미 살펴본 것처럼, 나르시시즘은 아이에게 '할 수 있다'는 자신감을 주고, 새로운 시도를 가능하게 하는 원동력이 되기도 한다. 에리히 프롬은 이를 다음과 같이 설명한다.

"자연은 사람으로 하여금 생존에 필요한 일을 할 수 있도록 하기 위해 많은 자아도취를 부여했다고 할 수 있다."

- 에리히 프롬, 『인간의 마음』 문예출판사, 황문수 옮김, 2013, 122쪽

갓 태어난 아이는 미숙한 존재로, 부모의 도움 없이는 살아갈 수 없다. 그럼에도 불구하고 아이가 자기 힘으로 일어서고, 걷고, 손에 닿는 모든 것을 붙잡으려 하는 행동은 생존을 위한 자연스러운 몸짓이다.

이때 작용하는 힘이 바로 나르시시즘에서 비롯된 자신감이다. "나는 할 수 있다"는 믿음은 아이로 하여금 더 단단히 일어서게 하고, 더 멀리 걷게 하며, 원하는 것을 더욱 강하게 움켜쥐게 만든다. 아이가 손에 쥔 빵이 꽂힌 포크를 빼앗아 보라. 젖 먹던 힘까지 다해 저항하는 아이의 강한 의지를 분명히 보게 될 것이다.

이처럼 거울을 바라보는 나르시시즘적 행위는 어떤 상황에서는 인간의 존엄을 확인하고 회복하는 중요한 행위가 되기도 한다. 홀로코스트 연구자 테렌스 데 프레(Terrence Des Pres)는 나치 강제 수용소와 소련 강제 노동수용소에서 살아남은 이들의 증언을 바탕으로 인간의 근원적 본성과 존엄을 탐구했다. 아우슈비츠 강제 수용소와 같은 지옥 같은 환경 속에서도, 일부 생존자들은 아침마다 거울을 보고 외모를 가꾸려 애썼다. 극심한 오물과 굶주림 속에서도 그들은 단 한 잔의 커피를 극도로 아껴 머리를 다듬고 얼굴을 씻었다. 그것은 단순한 외모 관리가 아니라 자신을 '물건'이나 '짐승'으로 취급하는 폭력에 맞서 스스로의 존엄을 지키려는 처절한 생존 의지였다.

"마침내는 그 누구도 손댈 수 없는 이 특별한 자존감이 회복 불능의 상태로 파괴되었을 때, 삶에의 의지도 곧 사멸한다는 것을 깨닫게 되었다. 이렇게 해서 자기의 외모를 보살피는 것이 바로 저항의 몸짓이 되고 생존에 있어서 필수 불가결한 요소가 된다. 스스로 존엄성을 유지하느냐, 못하느냐에 생명 자체가 달려 있었다. 외견상 인간답게 스스로를 유지하려는 끊임없는 투쟁에 생사 여부가 달려 있었다."

- 테렌스 데 프레, 『생존자 - 죽음의 수용소에서의 삶의 해부』 차미례 옮김, 서해문집, 2013, 125쪽

오물은 나치에게 유대인의 인간성을 말살하는 가장 강력한 수단이었다. 그것은 피해자 스스로를 혐오하게 만드는 도구였다. 오물로 뒤덮인 신체, 악취가 밴 옷, 몸에서 떨어지지 않는 냄새는 단순한 비위생 상태를 넘어 인간으로서의 존엄을 부정하도록 강요하는 방식이었다. 유대인들이 자기 자신을 혐오하고 포기하는 순간, 나치는 이렇게 말할 수 있었다. "이런 썩어 가는 물건은 제거해 버려야 한다."[13] 하지만 그렇게 절망적인 환경 속에서도 누군가는 매일 아침 세수를 하고, 양치를 하고, 가능한 한 단정한 차림을 유지하려 애썼다. 배설물에 덮인 몸과 고된 노동, 굶주림으로 지친 심신, 벗어날 수 없을 것 같은 지옥 같은 현실 속에서도 인간다움을 지켜 내려는 이 노력은 단순한 외모 관리가 아니었다. 그것은 인간으로 남기 위한 의지였고, 존엄을 포기하지 않겠다는 조용한 저항이었다.

데 프레는 이를 다음과 같이 표현했다.

"결코 놈들이 원하는 대로 비천하고 더러운 짐승으로 변하지 않으려는 투쟁이었다."

- 테렌스 데 프레, 같은 책, 123쪽

13　테렌스 데 프레, 같은 책, 120쪽

다가올 크리스마스에는 수용소에서 풀려날지도 모른다는 막연한 기대에 모든 일상을 내려놓은 이들은, 성탄절이 지나고 나서 급격히 쇠약해져 끝내 생존하지 못했다. 반면, 그런 환상보다도 매일 아침 세수를 하고, 옷 단추를 여미며, 풀린 신발 끈을 제대로 묶는 사소한 일상을 지켜 낸 사람들은 살아남았다.

절망 속에서 생존을 가능하게 한 동력은 근거 없는 낙관론적 희망이 아니었다. 그것은 인간다움의 마지막 끈을 놓지 않으려는 일상의 조용한 반복이었다. 거울 앞에서 자신을 다듬는 행위는 단순한 외모 가꾸기가 아니다. 그것은 나를 파괴하려는 세상 앞에서 나 자신을 포기하지 않겠다는 결연한 선언이다. 거울 앞에서 나의 존엄을 다짐하는 것. 그 작은 태도가 하루를, 그리고 삶을 인간답게 만든다.

하나의 의식을 외부 대상과의 동일시로만 이해해서는 안 된다. 외부 대상은 결코 나와 완전히 하나가 될 수 없기 때문이다. 진정한 자아의 탄생은 타자라는 거울에 자신을 맞추는 것이 아니라 그 동일화의 과정이 거대한 허구였음을 뼈아프게 인식하는 지점에서 시작된다. 내 안의 분리와 균열, 고통받는 존재를 있는 그대로 인식할 때 우리는 연못과 거울에서 벗어날 수 있다. 그 괴물을 외면하거나 제거하려 할수록, 오히려 괴물은 우리를 삼켜 버린다. 자기혐오로 무너뜨리거나, 끝없는 환상 속으로 끌어당긴다. 나르시시즘은 파편화된 현실로부터 도망치려는 무의식적 욕망의 한 단면일 뿐이다.

앞서 살펴본 『생존자』의 사례가 보여 주듯, 현실을 외면하고 환상에 매달리는 태도는 오히려 생존을 위협한다. 그러나 아무리 절망적인 환경 속에서도 인간다움과 존엄을 지키기 위한 작은 실천은 삶을 붙잡는 힘이 된다. 여기서 말하고자 하는 것은 현실에 굴복하라는 뜻이 아니다. 어떤 상황에서도 인간으로 남으려는 태도야말로, 가장 강한 생존의 의지라는 점이다.

하나의 의식이 나르시시즘에 빠지지 않고 건강하게 성장하기 위해 중요한 것은 '내가 제일 잘났다'는 과시욕에 빠지지 않고 삶 그 자체를 사랑하는 경험이다. 삶에 대한 사랑은 경쟁이나 성취를 통해 주어지지 않는다. 그것은 따뜻한 품과 친절한 몸짓, 수많은 칭찬보다도 부드러운 목소리와 사랑이 담긴 눈빛 그리고 안전한 관계 속에서 전달된다.

아이에게 삶에 대한 사랑을 전한다는 것은 결국 "너는 이 세상에 존재할 정당한 권리가 있으며, 충분히 살아갈 가치가 있는 존재다"라는 메시지를 아이의 몸과 마음에 새기는 일이다. 그 사랑을 통해 아이는 자기 자신과 세계를 연결할 수 있는 자아를 형성하고, 앞으로 만나게 될 수많은 타자들과의 관계 속에서도 삶을 지탱하는 건강한 중심을 갖게 된다.

삶에 대한 사랑을 경험하며 건강하게 성장하기 위해서는 "한 아이를 키우기 위해서는 온 마을이 필요하다"는 아프리카 속담처럼, 육아를 오직 부모 개인의 몫으로만 돌려서는 안 된다. 공동체가 함께 책임지는 사회적 구조가 필요하다. 에리히 프롬은 삶에 대한 사랑이 온전히 발달하기 위한 사회적 조건으로 '안정 보장', '정의', '자유'를 제시했다.

"위엄 있는 생활을 위해 기본적인 물질적 조건이 위협받지 않는다는 의미에서 **안전 보장**이 되고, 어느 누구도 다른 사람의 목적을 위한 수단이 될 수 없다는 의미에서 **정의**로우며, 각자가 사회의 능동적이고 책임 있는 일원이 될 가능성을 갖고 있다는 의미에서 **자유**로운 사회일 때 삶에 대한 사랑은 가장 원활하게 발달할 수 있을 것이다."

- 에리히 프롬, 『인간의 마음』 84쪽

삶에 대한 사랑은 정교한 논리나 지루한 설교보다 훨씬 강한 전염성을 지닌다. 그것은 따뜻한 몸짓과 진심이 담긴 표정, 다정한 눈빛만으로도 충분히 전해진다. 거창한 행동은 필요하지 않다. 아침에 거울 앞에 선 나에게 웃으며 안부를 묻는 것, 출근길에 마주친 이웃에게 반갑게 인사를 건네는 것만으로도 우리를 둘러싼 세계의 공기는 이미 변하기 시작한다.

사회의 진보와 변화는 화려한 수사학이 아니라 지극히 평범한 일상의 실천으로 완성된다. 그러니 복잡한 사유의 미로에서 잠시 벗어나 지금, 이 순간부터 당신의 세계를 향해 문을 열어 보자.

"안녕하세요!"

하나에서 둘로

....

'하나둘셋 발달론'은 하나의 의식이 점차 확장되며 타자와의 만남을 통해 성장해 가는 과정을 설명한다. 지금까지 우리는 아이가 어머니라는 첫 타자, 그리고 거울 속 이미지라는 또 다른 타자를 만나며 하나의 의식이 형성되고 확장되는 과정을 살펴보았다. 이 이야기는 아이의 성장 단계를 따라 전개되었지만, 이 과정은 아이에게만 국한되지 않는다. 하나의 의식이 확장되고 성장하는 움직임은 지금 이 순간을 살아가는 우리 모두의 삶 속에서도 끊임없이 일어나고 있다. 그래서 이 글은 아이의 성장과 우리의 현재를 함께 비추며 하나의 의식을 살펴보았다.

여기서 가장 경계해야 할 지점은 하나의 의식이 타자와의 동일시에 머물러서는 안 된다는 것이다. 동일시는 의식의 시작일 수 있지만, 성장의 종착지가 될 수는 없다. 진정한 성숙은 타자를 '나와 같은 존재'로 묶어두는 환상에서 벗어나, '나와는 엄연히 다른 존재'로 선명하게 인식하는 데서 시작된다. 그리고 그 다름을 존중하고, 자신을 타자로부터 분리시킬 수 있을 때 비로소 하나의 의식은 건강하게 확장된다.

결국 하나의 의식은 타자와의 애착에서 출발하지만, 그 목표는 안정적인 분리에 있다. 이것이 자아가 자율성을 획득하고, 타자와 건강한 관계를 맺으며, 삶에 대한 사랑을 지속적으로 확장해 갈 수 있는 토대가 된다.

하나의 의식이 주는 안정감과 편안함은 분명 달콤하다. 그러나 그 안온한 상태를 깨고 둘로 분리되어 나아가는 과정은 결코 쉽거나 평온할 수 없으며, 때로 뼈를 깎는 고통을 동반한다. 그럼에도 분리는 생존을 위한 필수 조건이며, 생명의 본질은 끊임없는 분리와 연결의 역동성 안에 있다.

태아에게 자궁만큼 따뜻하고 안전한 공간은 없다. 그럼에도 태아는 살기 위해 고통을 감수하고 자궁 밖으로 나와야 한다. 거울 속 이미지보다 완전해 보이는 모습도 없다. 하지만 그 이미지에 머무를수록 우리는 자신으로부터 멀어지고, 깊은 자기 소외에 빠져든다. 이 소외에서 벗어나기 위해서는 거울을 깨고 나와 불완전한 민낯의 자신을 있는 그대로 받아들이고, 타자들과 더불어 살아가는 세계로 나와야 한다.

역설적이게도 하나의 의식이 안겨 준 충만한 기쁨은 분리해 나가는 힘의 밑바탕이 된다. 현재의 단계에서 받은 사랑이 깊고 넓을수록, 자아는 더 안정적으로 분리를 감당해 낸다. 그래서 발달이란 결국 '그 시기를 충분히 누리는 것'이라 할 수 있다. 그 순간을 온전히 경험하고 받아들일 수 있을 때, 다음 단계로 나아갈 힘도 생긴다. '그때를 누릴 수 있는 특권'은 유아기이든 노년기이든 다르지 않다. 발달이란 도달해야 할 먼 목표가 아니라 삶의 매 순간을 가장 충실하게 살아내는 존재의 방식 그 자체이기 때문이다.

생의 마지막 계단을 직접 딛고 선 에릭 에릭슨은, 감당하고 관리해야 할 소유의 무게를 덜고 길을 나설 수 있다면 노년은 오히려 하나의 특권이 될 수 있다고 말한다. 그는 이렇게 고백한다.

"나이가 들어 초라함을 느낄 즈음, 불현듯 거대한 풍요가 내 몸 구석구석을 비추며 이 세상 모든 곳의 아름다움에 다가가게 된다."

- 에릭 에릭슨, 조앤 에릭슨, 『인생의 아홉 단계』 199~200쪽

지나간 젊음을 그리워하거나 아직 오지 않은 노년을 두려워하기보다, 지금 내가 살아가고 있는 삶의 단계에서 무엇을 경험하고 무엇에 집중해야 하는지를 성찰하는 일이 더 중요하다.

이 통찰은 자녀를 둔 부모에게도 그대로 적용된다. 지금 자기에게 중요한 것이 무엇인지, 자신이 진심으로 하나 되고 싶은 대상이 무엇인지를 묻지 않는다면, 그 결핍된 욕구는 고스란히 자녀에게 투사되어 과도한 밀착과 집착으로 이어질 수 있다. 자녀와의 건강한 분리를 위해서라도, 지금 이 순간 자신이 집중해야 할 삶의 방향과 의미를 되묻는 일이 필요하다. 이처럼 하나의 의식은 유아기부터 노년기에 이르는 생의 모든 마디에서 유효하며, 타자와의 관계에서 자신을 지탱시켜 주는 근원적 힘이 된다.

'어머니와 나'라는 하나의 세계를 넘어 의식은 타자라는 새로운 세계를 향해 확장해 간다. 정신분석학적으로 그 첫 번째 타자는 '아버지'라는 이름으로 상징된다. 이 만남은 자아가 자기 자신과는 다른 존재와

마주하는 순간이며, 이 지점에서 비로소 '나'라는 주체와 '너'라는 타자 사이의 선명한 경계선이 그어지기 시작한다. 이제 의식은 자신을 붙잡던 '하나'의 중력을 벗어나 '둘'이라는 광활한 우주로 나아가며, 이전과는 전혀 다른 차원의 세계를 탐험한다.

'둘'이라는 말에는 팽팽한 긴장과 낯선 거리가 느껴지지만, 동시에 그 간극을 메우려는 관계와 연결의 가능성이 공존한다. 둘의 의식은 '하나'일 때는 품을 수 없었던 복잡성과 깊이를 지니며 삶의 새로운 장면을 만들어 간다. 이제 '둘의 의식'이 어떤 모습으로 펼쳐질지, 그 기대를 안고 다음 여정을 시작해 보자.

우리는 무엇인가?

····

둘은 두드림이다.

'나'를 둘러싼 타자, 상대, 경계를 인식하고 확인하기 위해

그에게 다가가 두드린다. 어떨 땐 약하게 톡톡,

다른 땐 강하게 꽝꽝!

빛이 만든 첫 그림자는 사실 자신의 그림자이다.

없애려고 피하려고 해도 항상 자신을 따라다니는 그림자.

빛에 익숙한 우리에게 어둠의 그림자는 두려움일 수 있다.

그래서 종종 우리는 모든 것을 거부하고 파괴하며

'나만'이고 싶어 하며 하나로 되돌아가기도 한다.

빛은 반드시 그림자를 만듦을, 우리는 모두 다름을 인정하며

내 안에서 더 큰 같음을 깨달을 때 우리는 셋으로 나아간다.

....

　20대 초반, 친구들과 지리산을 오른 적이 있다. 원래 계획은 첫날 지리산 중턱에서 1박을 하고, 둘째 날 천왕봉까지 오르는 것이었다. 하지만 계획은 늘 계획대로 흘러가지 않았다. 우리는 길을 잘못 들었고, 둘째 날 저녁 무렵이 되어서야 겨우 장터목에 도착했다. 지친 몸을 이끌고 서둘러 텐트를 쳤다. 간단히 저녁을 먹고, 우연히 이틀 동안 함께 등반한 다른 친구들을 텐트로 초대했다. 우리는 네 명이었지만, 텐트는 12인용이라 여유가 있었다. 마른안주에 소주를 한 잔씩 나누며 이런저런 이야기를 나눴다. 취기가 오를 즈음, 한 친구가 자연스럽게 기타를 꺼냈다. 지금 생각해도 지리산에 기타를 들고 간 건 무모한 일이었지만, 그 당시 우리에겐 필수 아이템이었다. 기타 반주에 맞춰 민중가요를 부르며 우리는 시간 가는 줄도 몰랐고, 밤은 점점 깊어졌다.

　생리적인 현상을 해결하려 잠시 텐트 밖으로 나왔을 때였다. 눈앞에 펼쳐진 광경에 나는 그만 발걸음을 멈췄다. 검은 밤하늘에 흰 강물이 흐르듯, 수많은 별들이 길게 흘러가고 있었다. 마치 꿈속 장면처럼 신비롭고 경이로웠다. 그것이 내가 처음 본 은하수였다. 숨을 멈춘 채 한참을 바라봤다. 화장실에 가야 한다는 생각은 이미 사라졌고, 나는 밤하늘 아래 조용히 서 있었다. "별들이 이렇게 많았구나." 마음속 깊은 곳에서 감탄이 울려 퍼졌다. 태양도, 지구도 그 수많은 별 중 하나일 뿐이라는 사실이 새삼 다가왔다. 그리고 그 광활한 우주 한가운데, 지리산 산등성 위에서 별을 올려다보는 나는 얼마나 작은 존재인가.

　20대 청년의 마음속에 자리 잡고 있던 고민들이 밤하늘의 별들과 함께 떠올랐다. 인간이란 무엇인가? 인생의 의미는 어디에 있는가? 내가 걷는 이 길은 어디로 향하고 있는가? 그런 질문들이 별빛처럼 마음속으로 스며들었다. 그날 밤 은하수를 보며 느낀 감동은 오래도록 내 안에 남았다. 나는 한참 동안 그 자리에 서서, 그 광경을 가만히 바라보고 있었다.

　지리산 장터목에서 본 은하수는, 끝없이 펼쳐진 밤하늘에 태양과 같은 항성들이 셀 수 없이 존재하고 있음을 보여 주었다. 이 무수한 은하와 별들은 하나의 사건, 바로 '빅뱅'으로부터 시작되었다. 약 138억 년 전, 모든 에너지가 한 점에 응축된 '특이점'에서 우주는 갑작스러운 팽창과 함께 시작되었다. 그 이후 우주는 지금 이 순간에도 팽창하고 있으며, 우리가 올려다본 밤하늘의 별빛에는 그 긴 진화의 시간이 고스란히 담겨 있다.

　빅뱅 이후 약 38만 년이 지나자, 우주는 전자와 양성자가 결합할 수 있을 만큼 온도가 낮아지며 최초의 원소인 수소가 탄생하였다. 이 수소와 소량의 헬륨은 우주에서 가장 먼저 탄생한 원소들로, 지금도 우주의 대부분을 이루고 있다. 기나긴 시간이 흐르며 이 원소들 사이에 중력이라는 보이지 않는 끈이 작용했고, 밀도가 높은 영역이 형성되었다. 이 밀집된 가스 구름들은 점차 수축하며 내부의 온도와 압력을 극한으로 끌어올렸다. 마침내 중심부가 임계점에 도달했을 때, 수소 원자핵들은 서로를 집어삼키며 융합했고, 그 찰나에 찬란한 빛과 열이 뿜어져 나왔다. 이른바 '핵융합'의 순간이다.

핵융합은 막대한 에너지를 방출하며, 그 에너지는 열과 빛이 되어 별 밖으로 흘러나온다. 별 내부에서는 안으로 끌어당기는 중력과 바깥으로 밀어내는 핵융합의 팽창력이 동시에 작용한다. 이 두 거대한 힘이 아슬아슬하게 균형을 이룰 때, 별은 비로소 안정된 구조를 유지하며 수십억 년의 세월 동안 빛을 내뿜는다. 우리의 태양도, 지리산 밤하늘을 수놓았던 그 무수한 별들도 모두 이 팽팽한 긴장 위에서만 존재할 수 있다. 그들은 수억 년, 수십억 년의 시간을 견디다 연료가 고갈되면 붕괴하거나 폭발하며 또 다른 천체로 변모한다. 별의 일생 역시 생성과 소멸을 반복하며 우주의 시간을 밀어낸다.

별이 태어나고 유지되기 위해서는 안으로 끌어당기는 힘과 바깥으로 확장하려는 힘 사이의 균형이 필요하다. 균형이 유지될 때 별은 빛나고, 균형이 무너지면 붕괴하거나 폭발한다. 인간 역시 나와 타자 사이에서 두 가지 힘, 하나가 되고픈 욕망과 분리되고픈 욕망 사이의 균형을 모색하며 살아간다. 이 두 힘의 긴장 속에서 균형을 찾아가는 과정, 그것이 바로 '둘의 의식'이 깨어나는 순간이다.

'둘의 의식'에는 반드시 '사이'가 존재한다. 이 사이에는 힘과 질서, 규칙과 가치가 깃든다. 이 사이가 있어야 관계는 조율될 수 있고, 자아는 타자와 연결되면서도 독립성을 유지할 수 있다. 반면 어머니와 나를 동일시하고, 거울 속 이미지를 나라고 착각하는 '하나의 의식'에서는 이 사이가 존재하지 않는다. 그곳에는 오직 타자와 자신을 구분하지 못하는 동일시의 환상만이 있을 뿐이다. 그러나 이 환상에서 벗어나는 순간, 우리는 처음으로 나와 타자가 분리된 세계를 마주하게 된다. 둘의 세계는 경계와 차이가 존재하는 세계이며, 그 속에서 우리는 비로소 '나란 누구인가'를 묻기 시작한다.

이 과정은 유년기에만 국한된 과제가 아니다. 부모로부터의 심리적 탯줄을 끊으며 시작된 이 여정은 학교와 또래 집단, 더 넓은 사회적 관계망을 거치며 끊임없이 확장된다. 그 속에서 자아정체성과 사회 적응의 기초가 다져진다. 청소년기에 이르면 이러한 분화의 과정은 더욱 치열해진다. 독립된 자아로서 자신의 정체성을 탐색하고 타자와의 관계 속에서 자신을 찾아가려는 노력이 강화된다. 이 시기는 자아 정체성이 본격적으로 시험대에 오르는 시기다.

성인기에 접어들면 우리는 직장과 가족, 사회적 관계 등 다양한 영역에서 자아와 타자의 관계를 다시 구성해 나간다. 그 과정에서 우리는 내가 맡은 역할의 무게와 나만의 가치를 동시에 자각하며, 독립성과 소속감 사이의 균형을 배워 간다. 이러한 균형 능력은 자아 존중감을 키우고 대인관계를 성숙하게 만들며, 결국 심리적 안정감으로 이어진다. 자아와 타자 사이에서 균형을 찾으려는 노력은 이처럼 전 생애에 걸쳐 지속되는 과제다.

별이 수축하려는 중력과 팽창하려는 핵융합이라는 두 힘 사이의 균형 속에서 태어나듯, 인간 또한 타자와의 관계 속에서 자아의 중심을 잡으며 성숙해 간다. 외부 세계와 연결되어 있으면서도 나를 잃지 않는 것, 동시에 나만의 고립 속에 갇히지 않는 것. 그것이 바로 '둘의 의식'이 지향하는 삶의 방향이다.

나와 타자 사이에는 힘의 역학, 관계의 질서, 삶의 가치와 같은 보이지 않는 요소들이 흐르고 있다. 이 사이를 살아가는 우리는 하나가 되고 싶으면서도 분리되고 싶고, 의존을 갈망하면서도 자립을 꿈꾼다. 소속되기를 원하지만 구속되지는 않기를 바라고, 타인과 같은 존재로 인정받고 싶으면서도 동시에 유일한 존재이기를 원한다.

이처럼 서로 충돌하는 욕망은 인간의 삶 전반을 관통하며 끊임없는 갈등을 만들어 낸다. 이러한 갈등은 특정 시기에만 나타나는 것이 아니다. 인간의 삶 전 과정에 걸쳐 반복되며, 나이가 들수록 더 복잡하고 깊어지기도 한다. 어린 시절 아이는 부모의 보호 안에서 소속감과 안전을 느끼며 성장하지만, 동시에 자신의 의지와 자율성을 시험하려 한다. 부모에게 의존하면서도 점점 그 품에서 벗어나 자신만의 세계를 만들어 가기 시작한다.

학교에 들어서면 또래 집단과의 관계 속에서 새로운 긴장이 생겨난다. 받아들여지고 싶은 욕구와 자기다움을 지키고 싶은 욕구 사이에서 아이는 흔들린다. 청소년기에 이르면 이러한 긴장은 더욱 첨예해진다. 부모와의 동일시에서 벗어나 독립된 자아를 세우고 싶지만, 여전히 소속과 인정에 대한 욕망은 그를 타인의 시선과 기대에 붙잡아 둔다.

이 시기의 갈등은 자아정체성을 형성하기 위해 반드시 통과해야 하는 고통이며, 일종의 통과의례다. 그러나 이 모순적인 투쟁은 청소년기를 지나서도 끝나지 않는다. 성인이 된 이후에도 우리는 직장과 가정, 사회적 관계 속에서 독립과 소속 사이의 균형을 끊임없이 조율하며 살아간다. 회사의 일원으로서 소속되어야 하지만 조직에 종속되지는 않기를 바라고, 가족을 돌보면서도 자신만의 삶을 잃고 싶지는 않다. 사회적 인정과 관계의 안정 속에서 자유를 꿈꾼다.

우리는 평생 '자유 없는 안전'이라는 안락한 감옥과 '안전 없는 자유'라는 황량한 광야 사이에서 끊임없이 흔들리며 살아간다. 소속과 지지, 의존과 동일화가 주는 안락함은 때로 자유의 상실이라는 감금 상태를 낳고, 반대로 자유와 독립, 차별화를 추구하는 삶은 관계의 부재와 불안을 동반한다. 우리는 이 두 상태 중 어느 하나만을 선택하며 살아갈 수 없다. 삶은 언제나 그 사이에서 균형을 찾아가는 여정이다. 삶의 어느 순간, 우리는 주사위를 던지는 것처럼 확률은 알 수 있으나 결과는 알 수 없는 선택 앞에 서게 된다. 중요한 것은 선택 그 자체보다, 그 이후의 경험이다. 우리는 그 경험을 통해 자신을 발견하고, 타자와의 관계 속에서 균형을 배워 간다.

인간은 결코 홀로 존재할 수 없는 운명을 타고났다. 인간은 출생과 동시에 타인의 도움 없이는 하루도 살아갈 수 없는 존재로 세상에 온다. 그렇게 타인의 시선과 손길 속에서 삶을 시작하고, 타자와의 관계 안에서 끊임없이 영향을 주고받으며 살아간다. 나와 타자 사이에서 벌어지는 사건들을 이해하는 일은 곧 나 자신을 이해하는 일이기도 하다. 우리는 일생을 '나와 타자'라는 둘의 세계 속에서 살아간다.

유아기는 부모와의 애착 속에서 자아의 기초를 다지고, 청소년기는 또래와의 동일시와 차별화를 통해 정체성을 모색하며, 성인기는 사회 속에서 관계를 맺으며 자립성과 소속감을 조율한다. 이 모든 과정은

'둘의 관계' 안에서 일어난다.

결국 인간의 성숙이란 나와 타자 사이의 관계를 이해하고 조율하는 과정이라 할 수 있다. 이 관계 안에서 우리는 자신이 누구인지, 어떻게 살아가야 하는지를 끊임없이 묻고 답하며 살아간다. 나와 타자 사이의 상호작용을 성찰하는 일은 곧 "나는 누구인가?"라는 질문에 대한 가장 실천적인 답을 찾아가는 길이다.

말하는 대로

....

밤하늘에 별이 빛나기 위해서는 안으로 끌어당기는 중력과 밖으로 밀어내는 핵융합 에너지가 절묘한 균형을 이루어야 한다. 어느 한쪽으로 기울어진다면 별은 탄생할 수 없고, 존재하더라도 오래 버티지 못하고 붕괴한다. 마찬가지로 인간도 건강하게 성장하기 위해서는 내면의 욕망과 외부 세계의 요구 사이에서 균형을 이루는 힘이 필요하다. 특히 아이가 자아를 형성하고 사회의 일원으로 성장해 가는 과정에서 '나와 타자' 사이의 조화는 반드시 갖추어져야 할 조건이다.

나와 타자의 경계가 불분명한 상태에서 동일시가 지속되면, 아이는 점차 독립된 자의식을 잃어 간다. 부모의 기대와 요구가 아이의 삶을 지배하는 구조 속에서는 아이가 자기만의 욕구와 감정을 탐색할 여지가 사라진다. 먹고 싶은 것을 선택하지 못하고, 입고 싶은 옷을 고를 수 없으며, 하고 싶은 일보다 시키는 일만 해야 하는 삶 속에서 아이는 점차 타인의 그림자에 갇힌다. 그 결과 아이는 고유한 정체성을 형성하지 못한 채, 부모가 그려 놓은 삶을 수동적으로 따라가는 존재가 되고 만다.

반대로 외부와의 모든 연결을 끊고자 하는 욕망을 좇게 된다면, 아이는 사회적 존재로서의 성숙을 이루기 어렵다. 자기 방이라는 폐쇄된 공간에 머물며 외부 세계와의 접촉을 차단한 삶은 사회적 기술을 배우고 의미 있는 관계를 맺을 기회를 잃게 만든다. 결국 사회와의 상호작용에서 멀어진 아이는 자신이 속한 세계를 이해하지 못하게 되고, 정체성과 존재감 또한 흐릿해진다.

이처럼 한쪽으로 기울어진 삶은 결코 건강한 성장으로 이어지지 않는다. 진정한 자아 형성은 타자와의 관계 속에서 자신의 욕구를 자각하고, 타인의 기대 속에서도 나다움을 지켜 낼 수 있을 때 가능하다. 나와 타자 사이의 균형을 찾아가는 이 과정은 결코 쉽지 않지만, 반드시 통과해야 할 성장의 의례다.

지금까지 아이는 어머니와 자신을 동일시하며 세상을 이해해 왔다. 어머니의 감정과 욕구는 곧 자신의 감정과 욕구였다. 어머니가 "배고파"라고 말하면 아이도 배고픔을 느끼는 것 같았고, "덥다"고 말하면 자신도 더운 줄 알았다. 그러나 시간이 지나면서 아이는 조금씩 깨닫기 시작한다. 어머니와 자신은 서로 다른 두 존재이며, 어머니의 배고픔과 자신의 배고픔, 어머니의 더위와 자신의 더위는 같지 않다는 사실을 말이다. 이러한 인식이 자리 잡기 시작하면 아이는 처음으로 어머니의 요구에 "싫어!"라고 말할 수 있는 용기를 얻는다. 이 말은 단순한 반항이 아니라, 자아가 형성되기 시작했음을 알리는 분명한 신호다. "싫어"라고 말할 수 있으려면 내 안에 나만의 감정과 욕구, 기준이 자리 잡아야 하기 때문이다.

아이의 "싫어!"라는 말은 어머니와 자신이 하나였던 세계에서 벗어나 자아와 타자의 경계를 세우고 독립된 존재로 나아가려는 선언에 가깝다. 그것은 내가 누구인지, 무엇을 원하는지를 표현할 수 있을 만큼 내 안에 자아가 자라고 있다는 증거다. 아이는 자아라는 새로운 힘을 발견했고, 그 힘이 주는 감각에 만족하고 있다. 그래서 밥을 먹을 때도, 목욕을 할 때도, 잠자리에 들 때도 "싫어!"라고 말한다. 이는 단순히 밥이 싫어서, 목욕이 귀찮아서, 잠이 오지 않아서라기보다는, 새롭게 눈뜬 자신의 힘을 시험하고 확인하려는 의지가 담긴 표현인 경우가 많다.

나아가 이 "싫어!"는 어머니와 하나가 되고 싶은 욕망과 어머니로부터 분리되고 싶은 욕망이 맞부딪히는 순간에 터져 나온다. 이때 아이 안에서는 동화(同化)와 이화(異化), 즉 하나가 되고 싶은 힘과 분리되고 싶은 힘이 줄다리기를 시작한다. 아직은 동화(同化)의 힘이 더 강하지만, 시간이 지날수록 이화(異化)의 힘은 점차 커진다. 이화(異化)는 '나는 어머니와 다르다', '나는 나다'라는 인식의 싹이다. 그리고 이 힘은 핵융합 반응처럼 아이의 내면에서 자율성과 자아의식을 밀어 올리는 강력한 에너지로 작용한다.

아이의 "싫어!"는 자의식이 형성되고 있음을 알리는 중요한 신호다. 동시에 어머니로부터 심리적으로 독립된 존재로 성장해 가고 있다는 증거이기도 하다. 하지만 이 말이 아이가 어머니에게서 완전히 독립했다는 의미는 아니다. 아이에게 어머니는 여전히 동일시하고 싶은 존재이며, 곁에 머물러 있기를 바라는 중심이 되는 타자다. 아이가 내면에서 어머니의 일관된 상을 형성할 수 있게 되면, 어머니와 물리적으로 떨어져 있어도 내면의 어머니 이미지와 연결되어 심리적 안정감을 유지할 수 있다. 놀이터에서 뛰노는 아이들이 종종 어머니의 위치를 확인하거나, 한참 놀다 말고 달려와 안긴 뒤 다시 놀러 가는 모습을 볼 수 있는 이유도 여기에 있다. 아이의 내면에서는 어머니로부터 독립하려는 원심력과 여전히 어머니와 하나이고자 하는 구심력이 팽팽하게 맞물려 돌아가고 있다.

이 역동적인 과정은 별이 탄생할 때 중력과 핵융합이라는 두 힘이 균형을 이루어야 하는 것과 닮아 있다. 별이 안정적으로 빛나기 위해서는 안으로 끌어당기는 중력과 밖으로 팽창하려는 핵융합 에너지가 균형을 이뤄야 한다.

아이의 내면에서도 이와 유사한 힘의 균형이 요구된다. 아이는 어머니와의 동일시를 통해 안정감과 소속감을 느끼며 세상을 받아들이려는 동화(同化)의 힘을 경험한다. 동시에 어머니와 자신이 다르다는 것을 인식하고, 독립된 존재로 나아가려는 이화(異化)의 힘도 자라난다. 동화(同化)는 공감과 연결을 통해 안정을 제공하고, 이화(異化)는 차이를 인식함으로써 자율성과 주체성을 키워 준다. 이 두 힘이 균형을 이루는 과정 속에서 아이는 자아를 형성하고 독립적인 존재로 성장한다.

이 두 힘의 균형을 가능하게 하는 결정적인 요소가 바로 언어의 습득이다. 언어는 아이가 자신의 감정과 욕구를 표현하고, 타자와의 관계에서 경계를 설정하며 동시에 소속감을 느낄 수 있도록 돕는 도구다. 언어는 내면의 감정과 외부 세계를 잇는 다리이며, 독립된 자아로 성장하기 위한 필수 조건이다.

아이의 첫 번째 의사소통 방식은 울음이다. 단순한 생리적 반응처럼 보이는 울음은 사실 매우 정교한 초기 언어의 형태다. 울음은 아이가 말로 표현하기 이전에 감정을 전달하는 첫 번째 언어다. 배고픔은 일정한 높낮이의 울음으로, 통증은 길고 높으며 불규칙한 울음으로, 불편함은 낮고 작은 칭얼거림으로 표현된다. 이처럼 울음은 아이가 자신의 상태를 외부 세계에 알리는 최초의 메시지다.

이후 아이는 옹알이를 거쳐 마침내 "엄마"라는 단어를 내뱉는다. 이는 단순히 소리를 따라 한 결과가 아니다. 자신과 타자 사이에 존재하는 감정과 의미를 언어로 표현하려는 첫 시도다. "엄마"라는 단어를 말하는 순간, 아이는 세계를 향해 처음으로 의식적인 메시지를 보낸다. 이때부터 아이는 사물의 이름을 익히고, 자신의 감정과 욕구를 언어로 구체화하며, 타자와의 관계 안에서 자기 의사를 전달하는 법을 배운다.

아이의 언어 습득은 어른의 학습 방식과 다르다. 어른이 기존의 언어 체계와 규칙을 바탕으로 새로운 언어를 비교적 논리적으로 학습한다면, 아이는 환경과의 반복적 상호작용을 통해 언어를 자연스럽게 체득한다. 일상에서 자주 들리는 단어들을 흉내 내고, 그 단어들이 사용되는 맥락 속에서 의미를 추론하며 언어의 틀을 형성해 간다. 반복과 모방을 통해 아이는 단어의 의미를 이해하고 점차 더 복잡한 문장을 구성하게 된다.

흥미로운 점은 아이가 세상을 명명하는 독특한 방식이다. '개'라는 단어는 치와와라는 개체이자 동물이며, 더 나아가 포유류라는 범주를 동시에 포함한다. 그러나 하나의 의식 상태에 있는 아이는 한 사물에 하나의 이름만 있다고 생각한다. 예를 들어 아이가 성인 남자를 '아빠'라고 부르는 것은 그 남자를 실제 아버지로 인식하기 때문이 아니라 아직 '아저씨'라는 단어를 모르기 때문에 자신이 알고 있는 단어를 다른 대상에 일반화한 결과다. 이러한 상호배타성 제약, 즉 '하나의 사물에는 하나의 이름만 있다'고 믿는 아이의 사고방식 덕분에 아이의 어휘 능력은 오히려 폭발적으로 발달한다.

아이들은 점차 단어의 의미와 사용 범위를 확장하며 복잡한 어휘 체계도 익혀 간다. 한 사물에 여러 이름이 있다는 사실을 이해하고, 경찰과 경찰차, 젖소와 우유, 소방관과 돼지를 구분해 분류할 수 있게 되면, 이는 아이 내면에 질서와 규칙이 형성되기 시작했음을 의미한다. 또한 아이들이 어른들이 사용하지 않는 '안 밥 먹어'와 같은 표현을 쓰는 것은, 아이가 단순히 말을 기계적으로 모방하는 것을 넘어 스스로 문법의 규칙을 발견하고 이를 과감하게 적용하려는 능동적인 시도다. 비록 부정어의 위치를 문장 앞에 두는 규칙을 과잉 적용한 결과일지라도, 이는 아이가 자기만의 언어를 설계하고 있다는 증거다. [14] 그러나 아이가 언어 습득을 통해 익히는 것은 대상의 이름이나 문법 규칙에만 그치지 않는다.

언어습득은 단어를 배우고 문장을 구성하는 기술을 익히는 차원을

---

14 EBS 특별기획 〈아기 성장 보고서〉 4부, 2006.05.04. 참조

넘어, 아이가 세계를 이해하고 관계 속에서 자신을 위치 짓는 방식 전체를 바꾸는 과정이다. 아이는 언어를 통해 세상을 구조화하고, 자신이 그 안에서 어떤 위치에 있는지를 배워 간다. 동시에 나와 타자 사이에서 일어나는 다양한 사회적 역할과 기대를 이해한다.

예를 들어, 아이가 내뱉는 "내 거야"라는 표현은 소유의 개념을 배우는 동시에, 나와 타자 사이에 경계가 존재한다는 사실을 인식하는 출발점이다. 반면 "같이 놀자", "미안해"와 같은 표현은 타자와의 관계를 유지하기 위해 필요한 규칙과 감정을 배우는 언어다. 이러한 표현들은 모두 일정한 질서와 규칙을 전제로 작동하며, 아이는 그것을 반복적으로 사용하고 경험하면서 사회적 규범을 점차 자신의 내부로 들여온다. 특히 금지와 허용, 요청과 거절, 감사와 사과 같은 언어를 통해 아이는 사회가 기대하는 바람직한 행동양식과 태도를 학습한다. 그 과정에서 아이는 더 이상 고립된 개인에 머무르지 않고, 타자와 함께 살아가는 존재로서의 정체성을 형성해 간다.

별이 빛나기 위해서는 안으로 끌어당기는 중력과 핵융합 반응에서 발생하는 에너지가 바깥으로 밀어내는 힘이 정교한 균형을 이루어야 한다. 이 균형이 깨지면 별은 붕괴하거나 폭발한다. 이와 마찬가지로 인간관계에서도 규칙, 질서, 규범, 관습이라는 사회적 힘들의 조화가 필요하다. 나와 타자라는 두 주체가 관계를 맺기 위해서는 각자의 욕구와 경계, 그리고 그 사이를 매개하는 질서가 반드시 요구된다.

그러나 별의 운명을 결정하는 물리 법칙과 달리, 인간 사회의 규칙과 관습은 보편적이거나 불변하지 않다. 그것들은 각 문화가 역사와 맥락 속에서 만들어진 약속들이다. 그렇기 때문에 한 사회에서 당연하게 여겨지는 질서가 다른 사회에서는 전혀 다른 의미로 해석되거나 받아들여질 수 있다. 인간은 이러한 복잡하고 다층적인 규범의 세계 속에서 살아가는 존재다.

우리가 서로 다른 문화의 규칙과 질서를 비교적 자연스럽게 받아들일 수 있는 이유는, 언어라는 문화적 산물이 그 질서를 보존하고 전달해 왔기 때문이다. 언어는 단지 사물의 이름을 붙이는 수단에만 머물지 않고, 사회가 공유하는 규칙과 질서를 전달하고 그것을 개인의 내면으로 들여보내는 도구이기도 하다. 언어가 없었다면 오늘날과 같은 복잡한 관습, 규범, 역할, 제도는 유지되기 어려웠을 것이다. 따라서 아이는 언어를 배우는 동시에 사회적 규범을 익히고 내면화한다.

아이는 '엄마'라는 단어를 통해 정서적 친밀함과 보호의 경험을 배우고, '안 돼'라는 표현을 통해 행동의 경계와 규율을 인식하기 시작한다. 이때 아이의 언어습득은 단어의 의미를 익히는 데서 그치지 않는다. 그 단어가 지시하는 관계의 구조, 허용과 금지, 기대와 제한이라는 사회적 질서를 함께 받아들이는 첫걸음이 된다. 그리고 이 과정에서 아이는 점차 말의 내용과 함께 그 말을 누가 했는가에도 주목하게 된다. 똑같은 명령이라도 발화자가 누구냐에 따라 그 영향력이 달라진다는 사실을 경험하면서, 아이는 사회의 규칙과 규율이 단순한 합의가 아니라 권위와 위치를 통해 작동한다는 것을 몸으로 배우게 된다. 다시 말해, 말의 힘은 그 의미 자체와 함께 그것을 발화하는 주체가 차지하고 있는 상징적 위치에서 비롯되기도 한다.

그렇다면 아이의 세계에서 규칙과 질서의 주인은 누구인가?

그 답은 아이에게 가장 먼저 다가오는 타자, 즉 보호자다. 특히 어머니는 아이에게 최초의 세계이며, 그 세계의 질서를 구성하는 존재다. 어머니의 말은 곧 규칙이 되고, 어머니의 반응은 옳고 그름의 기준이 된다. 그러나 시간이 흐르면서 아이는 점차 더 넓은 세계에 눈을 뜨게 되고, 그 안에서 어머니의 질서만으로는 설명되지 않는 더 크고 낯선 구조를 마주하게 된다.

어머니의 품을 벗어나 세상의 구조를 배우기 시작하는 순간, 아이 앞에 나타나는 또 하나의 질서의 주인. 그가 바로 '아버지'다. 여기서 아버지는 단지 생물학적 존재만을 의미하지 않는다. 그는 규칙을 제시하고, 책임을 지며, 개인을 넘어선 사회의 질서를 대표하는 '상징적 권위'이다. 아이는 어머니의 애착과 보호를 통해 형성된 안정감을 바탕으로, 이제 '아버지'라는 상징을 통해 더 추상적이고 보편적인 규칙과 구조를 받아들이기 시작한다.

다음 장에서는 '아버지의 이름으로'라는 강력한 상징적 기제를 통해, 아이가 어떻게 더 복잡하고 구체적인 사회 질서와 규범을 내면화하며, 본격적으로 둘의 의식, 곧 나와 타자 사이의 세계로 진입하게 되는지를 살펴보고자 한다.

아버지의 이름으로

....

"배 아파 낳은 자식"이라는 표현에서 알 수 있듯이, 어머니는 열 달의 임신과 산통이라는 신체적 고통을 통과하며 아이가 자신의 분신임을 단 한 순간도 의심하지 않는다. 어머니와 아이는 생물학적으로 직접 연결되어 있으며, 이 연결은 아이가 태어난 이후에도 자연스럽게 이어진다. 아이를 품에 안고 돌보는 모든 과정은 그 생물학적 현실을 정서적으로 확인하고 굳혀 가는 연속적인 경험이기도 하다.

하지만 아버지와 아이의 관계는 다르다. 어머니처럼 아이를 직접 몸으로 품고 출산하지 않는 아버지는, 생물학적으로는 분명 자식의 부모일지라도 그 연결을 몸의 감각으로 직접 경험하지는 않는다. 다시 말해, 아이와의 관계를 스스로 받아들이고 책임지기로 의식적으로 선택하지 않는 한, 아버지는 단지 생물학적 기여자에 머무를 수도 있다.

정신분석학자 루이지 조야(Luigi Zoja)는 그의 저서 『아버지란 무엇인가』에서 다음과 같이 말한다.

"아버지가 되는 것은 자식을 출산하는 것만으로는 충분하지 않고 특별한 의지적 행위를 요구하는 것이다. 합법적이고 생물학적인 자손이라 할지라도 아버지가 되는 것은 언제나 하나의 결단이었으며, 결연(結緣)을 수용하는 행위였다."

- 루이지 조야, 같은 책, 이은정 옮김, 르네상스, 2009, 34쪽

이 말은 아버지 됨이 자연적 결과로는 부족하며 의식적인 선택과 사회적 수용이라는 통과의례를 거쳐야 함을 시사한다. 자연스럽고 본능적인 어머니 됨과 달리, 아버지 됨은 사회적·문화적·상징적 구조 속에서 획득되어야 하는 후천적 정체성이다. 이런 점에서 '자연스러운 아버지'라는 것은 존재하지 않는다. 아버지란 '되는 것'이지, 저절로 주어지는 것이 아니다. 아버지가 되기 위해서는 "나는 이 아이의 아버지다"라는 내면의 선언이 필요하며, 동시에 사회적 제의나 상징 체계를 통한 외부의 인정 또한 요구된다. 즉, 아버지 됨은 생물학적 사실을 넘어선 문화적 산물이자, 결단의 결과다.

진화의 역사 속에서 아버지의 역할이 어떻게 형성되었는지를 설명하기 위해, 루이지 조야는 수렵과 채집 활동이 중심이었던 원시 유목 사회로 시선을 돌린다. 그는 남성들이 사냥을 마친 뒤, 먹고 남은 음식을 여자들과 자식들에게 가져오는 행위를 '가족에게로의 귀환'이라는 개념으로 설명한다. 조야는 이렇게 말한다.

"유목 생활은 대개 채집과 수렵 활동 모두를 필요로 했기 때문에 남자들에게 있어 안전하고 안정된 장소는 지리적인 장소가 아닌 다른 어떤 것이었다. 즉,

심리적 장소였다. 그들이 돌아갈 장소는 가족이었고, 가족은 동료들이 다른 곳에 있을 때 느끼는 고통과 허전함을 채워 주면서 함께 있고 싶은 욕구 같은 향수를 경험하게 해 주었다."

- 루이지 조야, 같은 책, 77쪽

루이지 조야의 이 통찰은 우리에게 하나의 역설적인 진실을 드러낸다. 가족이라는 개념은 귀환이라는 행위를 통해 비로소 형성되었다는 것이다. 다시 말해, 가족보다 먼저 존재한 것은 '가족에게 돌아가고자 하는 마음'이었다. 사냥한 짐승을 앞에 두고 '함께 나누고 싶은 누군가'를 떠올리는 마음이 있었기에, 그 고기를 다 먹지 않고 들고 돌아올 수 있었다. 바로 그 귀환의 반복이 가족을 만들어 냈다. 어린 시절, 늦은 밤까지 아버지를 기다리던 기억을 떠올려 보자. 우리는 정말로 간식을 기다린 것이었을까, 아니면 돌아올 사람을 기다린 것이었을까. 물론 어린아이는 배고픔과 간식에 더 민감했을지 모른다. 하지만 그 기다림 속에는 분명 '돌아올 누군가'에 대한 기대가 깃들어 있다. 그리고 바로 그 기대 속에서 '가족'이라는 공동체의 감각이 조금씩 자라난다.

먹을거리를 들고 가족에게로 귀환하는 아버지의 행위는 단지 생계를 책임지는 기능적 역할에 머물지 않는다. 그것은 관계를 맺고 공동체를 유지하려는 본능적이면서도 문화적인 행위다. 루이지 조야의 통찰대로라면, 이러한 행위는 오늘날에도 여전히 유효하다. 퇴근 후 가족을 위해 간식을 사 들고 집으로 돌아오는 아버지의 모습에는, 수천 년 전부터 이어져 온 '귀환'의 의미가 지금도 살아 숨 쉬고 있다.

그러나 귀환의 행위가 가족이라는 공동체를 형성한다고 해서, 남성이 자동적으로 아버지가 되는 것은 아니다. 아버지가 되기 위해서는 생물학적 조건을 갖추는 것을 넘어, 의지적 결단과 사회적 선언 그리고 의례와 같은 문화적 행위가 필요하다. 어머니와 아이의 관계가 임신과 출산이라는 생물학적 경험을 통해 자연스럽게 확립되는 것과 달리, 아버지는 생물학적 확신만으로는 결코 아버지로 받아들여지지 않는다. 루이지 조야는 "아버지라는 신분은 자신이 스스로에게 부과하는 것이다. 자연발생이 아니라 인위적인 창조물"[15]이라고 말한다. 즉, 아버지는 태어나는 것이 아니라 '되는' 존재다. 아버지가 된다는 것은 자기 삶의 한 자리를 누군가에게 책임지고 내어 주는 상징적 결단이며, 사회적으로 승인받는 선언적 행위를 통해 비로소 성립된다.

대중문화 속에서도 이러한 '아버지 됨'의 문화적 성격을 확인할 수 있다. 영화 《스타워즈》에서 다스 베이더는 루크 스카이워커에게 "I'm your father."라고 선언함으로써 자신이 아버지임을 드러낸다. 이 장면에서 중요한 것은 혈연관계를 확인하는 것이 아니라 그 사실을 언어로 공표하는 행위다. 영화 《라이온 킹》에서는 무파사가 수많은 동물들 앞에서 새끼 사자 심바를 들어 올리는 거양(擧揚) 의식을 통해, 심바가 자신의 아들이며 사자 왕국의 정당한 후계자임을 공식적으로 선포한다. 이 장면은 아버지 됨이 단순한 생물학적 관계를 넘어, 공동체 앞에서 인정되고 승인되는 상징적 지위임을 분명히 보여 준다.

15 루이지 조야, 같은 책, 32쪽

이러한 선언과 의식은 아버지라는 존재가 생물학적 기초 위에 저절로 주어지는 자연적 지위가 아니라 문화적 인정과 사회적 약속 위에 세워지는 상징적 역할임을 말해 준다. 아버지는 그렇게 말과 몸짓, 의식과 책임을 통해 비로소 탄생한다.

현대 사회에서는 유전자 검사를 통해 생물학적 아버지를 손쉽게 확인할 수 있다. 그럼에도 불구하고 아버지가 된다는 것은 여전히 생물학적 사실만으로는 충분하지 않다. 아버지가 되는 과정이 왜 여전히 문화적 산물인지 이해하기 위해서는, 아이와 아버지가 실제로 어떤 방식으로 관계를 맺고 그 관계를 유지해 나가는지를 면밀히 들여다볼 필요가 있다.

어머니와 아이는 임신과 출산이라는 생물학적 경험을 통해 직접 연결되어 있으며, 탯줄을 통해 하나의 생명 체계를 공유한다. 출산 이후에도 젖과 품이라는 직접적인 신체 접촉을 통해 정서적 유대가 이어진다. 아이는 이러한 신체적이고 감각적인 경험을 바탕으로 어머니를 '자신의 일부'처럼 느끼며 동일시한다. 이 시기에 언어를 통한 소통은 부차적인 것이고, 관계의 중심에는 신체적 감각이 놓여 있다. 반면, 아버지는 이러한 생물학적 연결로부터 출발하지 않는다. 아버지는 아이에게 처음부터 하나의 실체로 경험되는 존재가 아니다. 탯줄도, 젖도, 품도 없는 아버지에게는 아이와 연결되기 위한 또 다른 매개가 필요하다. 그 매개가 바로 '언어'다.

아버지와 아이의 만남은 단순히 두 개인 사이의 관계를 넘어선다. 그것은 문화, 곧 문명의 세계를 대표하는 아버지와 본능과 감각의 세계에 머물러 있는 아이가 처음으로 마주하는 장면이다. 이처럼 서로 다른 두 세계를 이어 주는 매개가 바로 언어다. 아버지는 언어를 통해 자신의 세계, 즉 규율과 규범, 관습과 질서를 아이에게 전달한다. 아이는 이러한 언어적 상호작용 속에서 아버지의 말과 태도에 반응하며, 점차 아버지와 자신을 동일시하게 된다.

이는 어머니와의 관계와 뚜렷한 대조를 이룬다. 어머니와 아이의 관계가 출산과 양육이라는 생리적이고 본능적인 기반 위에서 형성된다면, 아버지와 아이의 관계는 언어라는 문화적 수단을 통해 사회적 규범과 역할을 내면화해 가는 과정에서 구축된다. 이때 '아버지의 이름으로'라는 표현은 중요한 상징적 의미를 지닌다. 여기서 '아버지'는 더 이상 한 개인으로서의 남자를 뜻하지 않는다. 그는 공동체의 법과 윤리, 보편적 질서와 권위를 대변하는 상징이다. 이 이름은 언어라는 형식을 통해 아이에게 도달하며, 아이는 그 언어를 받아들이고 해석하는 과정을 통해 사회적 존재로 성장해 간다. 결국 언어는 아버지와 아이를 연결하는 다리이자, 아이가 문화적 규범을 내면화하는 통로가 된다.

이제 아버지와 아이의 관계가 실제로 어떻게 형성되고 발전하는지를 살펴볼 차례다. 아버지가 아이와 어떤 방식으로 소통하며 규율과 질서를 전달하는지 그리고 아이는 그것을 어떻게 받아들이고 자신의 내면에 새겨 가는지를 따라가며, 아버지와 아이의 관계가 문화적 맥락 속에서 어떻게 작동하는지를 본격적으로 탐구해 볼 수 있을 것이다.

정신분석학자 지그문트 프로이트(Sigmund Freud)는 인간의 마음을 세

가지 인격 구조, 즉 원초아(id), 자아(ego), 초자아(super-ego)로 구분하여 설명했다. 원초아는 본능적인 충동과 욕구의 근원으로, 쾌락 원칙에 따라 즉각적인 만족을 추구한다. 배고픔, 분노, 성욕과 같은 원초적 욕망들이 여기에 속하며, 사회적 규범이나 현실적 제약을 고려하지 않은 채 작동한다. 그러나 인간은 사회 속에서 살아가는 존재이기에, 원초아의 충동을 그대로 따를 수는 없다. 이때 등장하는 것이 초자아다. 초자아는 부모의 훈육과 사회적 규범, 문화적 가치가 반복적으로 내면화되며 형성된 도덕적 의식이다. 초자아는 "마땅히 이래야 한다" 혹은 "절대 해서는 안 된다"라는 내면의 명령으로 작동하며, 원초아의 충동을 억제하고 통제하려 한다.

자아는 이 상반된 두 힘, 즉 원초아와 초자아 사이에서 현실 원칙에 따라 균형을 맞추려는 중재자다. 자아는 충동을 무조건 억누르거나 배제하지 않는다. 대신 사회적으로 용납 가능한 방식으로 욕구를 조절하고 해소하려는 현실적인 타협을 시도한다.

이를 예로 들어보자. 어릴 적 제사를 지낼 때, 제사의 의미보다는 제사상에 놓인 음식에 더 관심이 가는 것은 자연스러운 일이다. 두 살배기 아이에게 제사상은 낯설고 특별한 '규범의 공간'이라기보다는, 먹을 것이 놓인 테이블에 가깝다. 그렇기에 음식을 집어도 크게 혼나지 않는다. 아직 제사 예절이라는 사회적 규범이 내면화되지 않았기 때문이다. 하지만 초등학생이 되면 상황은 달라진다. 아이는 제사 예절과 금기를 어느 정도 인식하게 되고, 제사 음식에 함부로 손대지 않는다. 이는 초자아가 전통적인 제사 규범을 내면화한 결과다.

이때 아이의 마음속에서는 음식을 먹고 싶은 원초아의 욕구와 예절을 지켜야 한다는 초자아의 요구가 충돌한다. 바로 이 지점에서 자아가 작동한다. 자아는 두 욕구 사이의 긴장을 완화하며 현실적인 해결책을 찾아낸다. "제사가 끝나면 음식을 먹을 수 있으니 조금만 참자"라는 생각은, 원초아의 욕구를 완전히 부정하지 않으면서도 초자아의 요구를 존중하는 자아의 절충적 판단이다. 이처럼 자아는 충동과 규범 사이에서 현실을 고려하며 조율하는 심리적 조정 기구다.

자아는 원초아의 본능적 욕구와 초자아의 도덕적 요구 사이에서 발생하는 갈등을 조절하고, 양측 사이의 타협점을 찾아 현실 속에서 적절히 행동할 수 있도록 한다. 이러한 중재 과정을 통해 자아는 내면의 충돌을 조율하고, 외부 세계와 비교적 안정적인 상호작용을 가능하게 만든다. 원초아, 자아, 초자아는 우리 내면에서 끊임없이 상호작용하며, 우리의 행동과 선택, 그리고 정체성 형성에 결정적인 영향을 미친다.

우리는 태어날 때부터 순수한 욕망의 덩어리, 즉 원초아의 상태로 삶을 시작한다. 이 시기의 아이는 자신과 타자를 구분하지 못하며, 어머니와 세계 전체를 자기 안으로 끌어당기듯 동일시한다. 식욕, 수면욕, 배설욕, 애정욕과 같은 기본적인 욕구들은 대부분 어머니를 통해 즉각적으로 충족되고, 아이는 마치 세계가 자신을 중심으로 돌아가는 듯한 '유아적 전능감'을 누린다. 그러나 시간이 지나며 아이는 어머니의 품을 벗어나 외부 세계와 접촉하게 되고, 그 과정에서 원초아의 욕구가 더 이상 무제한으로 허용되지 않는다는 사실을 경험한다. 이때 아이는 처음으로 좌절과 경계, 그리고 '나와 타자'의 구분이라는 현실

원칙과 마주하게 된다.

초자아는 이러한 현실 원칙을 아이의 내면에 안착시키는 결정적인 심리 구조다. 전통적인 가치관, 사회적 관습과 규범, 규칙과 질서가 반복적으로 내면화되며 초자아가 형성된다. 초자아는 본능적 충동에 따라 행동하려는 원초아를 억제하고, 이를 어길 경우 수치심이나 죄책감을 느끼게 함으로써 행동을 통제한다. 이때 아이는 단순히 규칙을 따르는 데서 그치지 않고, 그 규칙을 말하는 권위와 자신을 동일시하기 시작한다. 이렇게 사회적 질서와 규범을 '아버지의 이름'으로 내면화한 초자아는, 아버지를 법과 규칙, 책임을 상징하는 존재로 받아들이게 하며, 아이를 점차 사회적 존재로 이끈다.

그러나 이러한 전통적 가치나 사회적 규범은 본능적으로 체득할 수 있는 영역이 아니다. 우리는 이를 언어를 통한 교육이라는 문화적 행위를 통해 배운다. 언어와 문자는 현실 사회를 살아가기 위한 가장 핵심적인 문화 도구이며, 나와 타자(타인, 사회, 세계)를 연결하는 매개체다. 그럼에도 불구하고 나와 타자 사이에서 발생하는 욕구의 충돌과 의미의 어긋남은 매개체로서의 언어가 지닌 취약성을 빈번히 드러낸다.

예를 들어, 주방에서 요리하는 두 사람의 풍경을 떠올려 보자. 주방장 B가 조리사 A에게 "소금을 조금만 넣어 주세요"라고 요청했다. A는 자신의 기준에 따라 '조금'을 해석하여 큰 한 스푼의 소금을 투하했다. 결과적으로 음식은 먹을 수 없을 만큼 짜졌고, 당황한 B는 왜 이토록 많이 넣었느냐고 추궁한다. A는 분명 자신의 소신대로 "조금"만 넣었다고 항변하지만, B가 의도한 '조금'은 작은 티스푼 하나에 불과했다.

이처럼 같은 단어를 사용하더라도 각자의 경험, 맥락, 기대가 다르면 전혀 다른 의미로 전달될 수 있다.

이 사례는 언어가 타자와의 관계를 매개하는 데 있어 얼마나 섬세하면서도 불안정한 도구인지를 잘 보여 준다. '조금'이라는 일상적인 표현조차도 그 의미는 고정되어 있지 않으며, 해석의 차이는 곧 오해와 갈등으로 이어질 수 있다. 결국 언어는 나와 타자를 연결하는 다리이지만, 그 다리에는 언제나 해석의 간극이라는 틈이 존재한다.

언어는 흔히 '기표(signifier)'와 '기의(signified)'로 구성된다고 설명된다. 예를 들어, 창문 밖에 실제로 존재하는 나무라는 대상이 '기의'라면, 그것을 가리키는 말인 '나무'는 '기표'에 해당한다. 이상적으로는 하나의 기표가 하나의 기의를 정확히 가리킬 때 오해가 발생하지 않겠지만, 현실에서 기표와 기의의 관계는 결코 고정되어 있지 않다. 하나의 기표에는 여러 기의가 연결될 수 있고, 하나의 기의 역시 다양한 기표로 표현될 수 있다.

예컨대 '노을'이라는 기표를 떠올릴 때, 누군가는 '아름다움'을, 누군가는 '추억'이나 '쓸쓸함'을, 또 어떤 이는 '허기'나 '퇴근 시간'을 연상할 수도 있다. 이는 동일한 기표가 각자의 삶의 경험과 정서에 따라 전혀 다른 기의로 연결되기 때문이다. 만약 '노을'이라는 기표에 '아름답다'라는 하나의 기의만을 강제한다면, 그것은 언어의 본질적인 다의성과 인간의 감각 세계를 억압하는 일이 될 것이다.

더 나아가 기표와 기의의 관계는 단순한 의미 차원의 문제가 아니라 사회적 맥락 속에서 힘과 권력이 작동하는 문제로 확장된다. 예를 들어, 한 여성이 남성을 폭행한 사건에 대해 언론이 이를 '매 맞는 남성 시대', '남성 역차별', '남성 혐오의 확산'이라는 자극적인 기표를 덧씌운 다면, 이는 단순한 보도를 넘어 대중에게 특정한 사회적 해석을 강제 하는 행위가 된다. 동일한 사건(기의)에 어떤 기표를 붙이느냐에 따라 사회가 그 사건을 이해하는 방식은 완전히 달라지고, 그 결과 특정 개 인이나 집단은 '폭력적인 남성 혐오자'라는 주홍글씨를 숙명처럼 짊어 지게 될 수도 있다.

이처럼 언어는 현실을 그대로 반영하는 중립적 도구가 아니다. 언어 는 현실을 구성하고, 의미를 배치하며, 때로는 타인을 규정하고 배제 하는 힘을 가진다.

이뿐 아니라 언어의 기표와 기의는 그것이 발화되는 맥락과 미묘한 뉘앙스에 따라 소통의 치명적인 한계를 드러내곤 한다. "너 참 잘했다" 라는 말은 언뜻 들으면 칭찬처럼 보이지만, 실제 의미는 사용된 상황, 말투, 표정, 억양에 따라 전혀 달라질 수 있다. 어떤 경우에는 진심 어 린 칭찬이 되지만, 어떤 경우에는 비꼼이나 질책, 심지어 분노의 표현 이 되기도 한다. 그러므로 우리가 어떤 말을 들을 때, 그 말의 문자적 의미보다 그 말이 놓인 맥락과 뉘앙스를 파악하는 능력이 훨씬 더 중 요해진다.

가령 아버지가 아이를 질책하는 상황에서 "너 참 잘했다"라고 말했 을 때, 아이가 그 말을 액면 그대로 받아들여 칭찬으로 이해하고 기뻐 한다면 어떻게 될까. 이 반응은 아버지의 의도와 어긋나며, 오히려 아 버지의 분노를 더욱 자극할 수 있다. 이러한 상황이 반복되면, 아이는

'분위기를 읽지 못하는 아이', '눈치 없는 아이'라는 평가를 받게 되고, 학교나 사회생활에서도 소통의 어려움을 겪을 가능성이 커진다.

문제는 이러한 맥락과 뉘앙스의 해석이 대부분 의식적인 판단이 아니라 무의식적으로 이루어진다는 점이다. 아이는 아버지의 말을 논리적으로 분석하기보다, 말 속에 숨어 있는 의미와 감정을 감지하려 애쓴다. 다시 말해, 아이는 기표 자체보다 그 기표가 가리키는 기의, 더 정확히는 기의로 추정되는 것을 읽어 내야 하는 상황에 놓인다. 만약 아버지가 전달하려는 기의를 정확히 해석하지 못한다면, 기표와 기의는 아이의 무의식 속에서 끊임없이 엇갈리며 숨바꼭질하게 된다.

'아버지의 이름으로' 전달되는 이 기표와 기의의 숨바꼭질은 단순한 의사소통의 문제가 아니다. 그것은 아이가 사회적 질서와 규범을 어떤 방식으로 내면화하는가라는 문제와 직결된다. 아이는 아버지의 말을 들으며, 그 말에 담긴 규율과 금지, 허용과 기대, 가치와 판단을 읽어 내고 받아들인다. 바로 이 지난한 과정이 아버지의 언어를 통해 내면의 감찰관인 초자아가 구축되는 경로다.

기표와 기의의 숨바꼭질이 복잡하고 불투명할수록, 아이의 내면화 과정은 더 강하게 작동하지만, 그 방향은 결코 일정하지 않다. 어떤 아이는 아버지의 말 속 권위를 온전히 흡수하며 순응적이고 복종적인 성향을 형성한다. 반면 어떤 아이는 의미를 명확히 해석하지 못한 채 억압된 감정을 분노나 반항으로 표출하기도 한다. 특히 아버지의 언어가 늘 모호하고 이중적인 의미를 품고 있다면, 아이는 혼란 속에서 자라나며 아버지의 권위를 무조건적으로 받아들이거나, 혹은 전면적으로 거부하는 극단적인 방식으로 반응할 가능성이 커진다.

만약 하나의 기표가 언제나 하나의 기의만을 고정적으로 갖게 된다면, 우리는 숨 막히는 절망의 늪에 빠지는 기분을 느낄 것이다. 모든 말과 행동에 단 하나의 의미만이 허용되는 세계에서는, 다른 길을 상상할 수도, 시도할 수도 없기 때문이다. 반대로 하나의 기표가 하나의 맥락 안에서도 지나치게 많은 기의로 해석되거나, 하나의 기의가 너무 많은 기표로 흩어져 표현된다면, 우리는 무엇을 기준 삼아 행동해야 할지 알 수 없게 된다. 이 경우 인간은 방향 감각을 잃고, 무력감과 과도한 긴장 속에서 살아가게 된다.

아버지와 아이의 관계에서도 상황은 다르지 않다. 아이는 아버지의 말을 통해 세계의 규칙을 배우고, 그 말 속에 담긴 의미를 해석하며 성장한다. 그런데 아버지의 말이 언제나 단 하나의 의미만을 강요한다면, 아이는 숨 쉴 틈 없이 억눌린 채 살아가게 된다. 반대로 그 말이 맥락마다 전혀 다른 의미로 바뀌고, 기준 없이 흔들린다면, 아이는 무엇이 옳고 그른지 판단할 수 없는 혼란에 빠질 것이다.

결국 아이는 하나의 행동만을 요구받는 절망과 어떤 행동도 확신할 수 없는 광기 사이에서 위태로운 줄타기를 이어가게 된다. 그리고 이 가혹한 줄타기에서 아이가 언제든 떨어질 수도 있다는 사실을 직시해야만 한다. 그렇기에 아이가 추락했을 때를 대비한 안전 그물망이 필요하다. 그러나 현실에서는 이 안전장치조차 마련되지 않은 경우가 많다. 아이가 줄에서 발을 헛디디는 순간, 다시 올라갈 사다리도, 잠시 숨을 고를 발판도 주어지지 않는다. 도움을 요청할 통로마저 차단된 채, 추락의 책임은 전적으로 아이에게 전가된다. 그리고 곧바로 '노력이 부족해서'라는 낙인이 찍힌다.

예를 들어, 성적이라는 하나의 기표에 성공이라는 하나의 기의만을 허용한 학교와 사회는 아이들에게 극도로 위험한 줄타기를 강요하고 있다. '성적 = 성공'이라는 단 하나의 공식 아래에서, 줄에서 떨어진 아이는 곧바로 실패자가 된다. 그 아래에는 안전그물도, 다시 도전할 기회도 없다. 오직 경쟁과 서열, 평가만이 존재할 뿐이다. 추락의 원인을 개인의 능력 부족으로만 환원하는 사회에서는, 다시 일어설 수 있는 시간과 조건이 허락되지 않는다. 1989년 개봉한 영화 《행복은 성적순이 아니잖아요》가 던졌던 절규에 가까운 질문은 지금도 여전히 유효하다. 우리는 여전히 아이들을 성적순으로 세운 벼랑 끝으로 등 떠밀고 있으며, 추락하는 그들의 손을 맞잡는 대신 서둘러 고개를 돌리고 있기 때문이다.

우리는 언어, 규범, 관습, 전통적 가치관을 배우며 사회의 일원이 된다. 사회 구성원으로 편입되기 위해 우리는 외부 현실의 질서에 맞추어 자신의 내면을 조율하고, 무의식 속 본능적 충동을 억누르며 살아간다. 그러나 이 억누름은 과연 언제까지 지속될 수 있을까? 억제와 순응이라는 노력은 공짜로 유지되지 않는다. 반드시 그에 상응하는 보상이 필요하다. 그 보상이 바로 '아버지의 인정'이다. 그것은 '나는 지금 사회의 규칙을 잘 따르고 있다'는 사실을 확인시켜 주는 상징적 보상이다.

이때부터 인간의 삶에는 하나의 중요한 국면이 열리기 시작한다. 바로 인정 투쟁이다. 아버지의 언어로 내면화된 규율과 질서에 따라 살아갈 때, 아버지의 인정은 원초아의 충동을 억누르는 또 하나의 강력한 힘으로 작동한다. 그리고 이 힘은 단 한 번의 억압으로 끝나지 않는다. 인정은 중독적인 반복을 요구하고, 반복은 습관을 만들며, 습관은 점차 정체성이 된다. 인정을 받기 위해 더 억누르고, 더 규율에 맞추고, 더 타자의 기대에 부응하려 애쓰게 된다. 억압은 외부의 명령이 아니라 점차 스스로에게 가하는 자기 통제가 된다. 이때부터 초자아는 내면의 명령으로 군림하기 시작한다.

하나의 일상적인 풍경을 들여다보자. 혼자 놀고 있는 아이를 본 동네 어른이 "애가 조용히 혼자서도 잘 논다."며 칭찬한다. 그러자 부모는 "착해서 말썽도 안 피운다"라고 화답한다. 이 순간 아이는 중요한 사실을 학습한다. '조용히 할 때 나는 인정받는다'는 것이다. 이후 아이는 점점 조용해지려 애쓰고, 튀지 않으려 하고, 자신의 욕구를 접어 두는 법을 배운다. 그러다 어느 순간, 아이는 더 이상 연기하지 않는다. 그는 정말로 '조용한 아이'가 되어 있다.

물론 성장의 경로가 이토록 단순하지만은 않을 것이다. 그러나 중요한 핵심은 분명하다. 인정받기 위해 수행했던 연기는, 반복을 통해 나의 정체성으로 굳어진다. 이때부터 인정 투쟁의 실질적인 주도권은 더 이상 나에게 있지 않다. 나의 행동을 규정하고, 판단하고, 가치화하며, 인정 여부를 결정하는 기준은 언제나 타자의 시선 속에 존재한다. 나는 나를 위해 살아가는 것 같지만, 실은 타자의 기대에 맞추어 나를 조정하며 살아가게 된다.

기표와 기의의 숨바꼭질을 통해 내면화한 사회적 담론 역시, 실은 나의 것이 아니다. 그것은 언제나 '아버지의 이름으로' 나에게 주어진 것이다. 그래서 라캉은 이렇게 말했다. "무의식은 타자의 담론이다." 우리가 사회의 구성원으로 인정받기 위해 노력할수록, 우리는 타자의 담론─언어, 규범, 질서, 관습─을 점점 더 깊이 내면화하게 된다. 그리고 이 타자의 담론은 언제나 주체 형성의 출발점에 이미 개입해 있다. 그것은 나중에 덧붙여진 것이 아니라 내가 '나'가 되기 이전부터 무의식 속에 자리 잡아 나의 사고와 감정을 조직한다. 그리고 이 담론은 의식의 표면 아래에서 끊임없이 작동하며, 우리의 마음을 반복적으로 흔들고 있다. 어제도, 오늘도, 하루에도 몇 번씩 이유 없이 마음이 흔들리는 까닭이 바로 여기에 있다. 사춘기 청소년만큼은 아니더라도, 나이가 들어서도 이 흔들림은 좀처럼 멈추지 않는다.

결국 인정 투쟁은 타자의 욕망에 인정받고 싶은 나의 욕망에서 비롯된다. 그리고 이 욕망이야말로 끝없이 이어지는 흔들림의 근원이다. 우리가 이 인정 투쟁에서 벗어나지 못하는 한, 마음의 불안과 동요 역시 멈추지 않는다. 그렇다면 질문은 여기로 모인다. "나는 무엇을 욕망하는가?", "과연 자신이 무엇을 원하는지 정확히 말할 수 있는 사람은 얼마나 될까?" 이 지점에서 우리는 요구, 욕구, 욕망의 삼각관계라는 난관에 부딪힌다. 이 세 가지는 서로 밀접하게 연결되어 있지만, 결코 동일하지 않다. 바로 이 차이 때문에 우리는 자신의 욕망을 기표로 정확히 표현하는 데 실패한다.

'새 신발이 갖고 싶다'는 욕구는 '새 신발 사 줘요'라는 요구의 기표로 표현될 수 있다. 이 요구가 충족되면 욕구는 일시적으로 만족된다. 그러나 그럼에도 불구하고 욕망은 여전히 남아 있다. 왜냐하면 욕망은 욕구가 제거된 요구, 다시 말해 어떤 대상이 채워질수록 오히려 더 또렷해지는 결핍이기 때문이다. 그래서 우리는 새 신발을 들고 돌아오는 차 안에서 스마트폰의 쇼핑앱을 열어 또 다른 신발을 검색한다.

이것은 신발이라는 기표가 결코 욕망의 기의를 온전히 담아낼 수 없기 때문이다. 욕망의 기의는 신발 그 자체가 아니라 그 신발에 무의식적으로 연결된 '다른 어떤 것'을 향하고 있다. 만약 새 신발에 대한 욕망이 어린 시절 잠자리에 들 때마다 다리를 주물러 주던 부모의 따뜻한 손길에 대한 그리움이라면, 세상에 존재하는 그 어떤 신발도 그 결핍을 메워 줄 수는 없을 것이다.

이처럼 욕망은 언제나 충족되지 않은 구멍으로 남는다. 그러나 이 구멍은 단순한 결핍이 아니다. 그것은 오히려 욕망을 계속해서 발생시키는 원천이다. 마치 '절대! 보지 마시오'라고 써 붙여진 담벼락의 작은 구멍처럼 말이다. 보지 말라는 금지가 붙는 순간, 우리는 그 구멍에서 눈을 뗄 수 없게 된다.

우리는 마음속에 생긴 결핍의 구멍을 채우기 위해 타자의 인정에 집착하게 된다. 그 구멍은 자기 힘만으로는 메워지지 않기에, 우리는 타인의 인정을 통해 그것을 채우려 한다. 그러나 아이러니하게도 그렇게 메우려 할수록, 우리는 오히려 타자의 인정에 더 깊이 의존하게 된다. 이것이 바로 우리 삶에서 인정 투쟁이 좀처럼 멈추지 않는 이유다. 그리고 이 끊임없는 인정 투쟁은 아주 어린 시절, '가족'이라는 무대에서부터 시작된다.

아이는 '아버지의 이름으로' 가족의 구성원으로 받아들여졌다는 사실을 인정받는다. 어머니와의 동일시에서 벗어나면서, 아이는 '아버지의 이름'을 내면화하고 이를 통해 규율과 질서, 언어와 규범을 받아들이며 사회로 나갈 준비를 한다. 이때부터 아이는 더 이상 오직 자신의 욕망만을 따라 움직이지 않는다. 아이는 타자, 아이는 타자, 곧 '가족'이라는 이름의 집단적 욕망 속에서 자신의 좌표를 세밀하게 조율하기 시작한다.

자기중심적인 세계에 머물러 있던 아이는 이제 타자의 세계로 이동한다. 그리고 그 첫 번째 세계가 바로 가족이다. 가족은 아이에게 가장 가까운 타자들의 집합이며, 타자의 질서가 최초로 구현되는 공간이다. 아이는 이 가족이라는 무대 위에서, 가족이 욕망하는 기표와 기의를 해석하며 기표와 기의의 숨바꼭질에 본격적으로 가담하게 된다.

가족의 탄생

····

우리는 동질성의 세계에서 이질성의 세계로 이동하고 있다. 처음에는 나와 세상이 하나였지만, 점차 타자와 마주하면서 우리는 '차이'를 인식하게 된다. 이 차이는 곧 언어를 통해 구분되며, 사회의 전통적 가치관과 규범을 학습하는 과정으로 이어진다. 타자와의 만남 속에서 우리는 하나였던 의식을 둘로 확장하고, 그 둘 사이에 '질서'라는 새로운 개념이 자리 잡기 시작한다.

하나의 별이 탄생하기 위해서는 물질을 집요하게 안으로 끌어당기는 중력과 그 중심부에서 일어나는 핵융합 에너지가 밖으로 거세게 밀어내는 힘이 팽팽한 긴장 속에서 평형을 이루어야 한다. 이와 마찬가지로 타자들이 모여 사회를 이루기 위해서는 서로 다른 욕망과 이해관계가 균형을 이루어야 한다. 여기서 말하는 힘의 균형은 단순히 나와 타자가 항상 50대 50으로 대등해야 한다는 뜻이 아니다. 별이 안정적으로 빛나기 위해 내부 압력과 중력 사이의 역동적인 조절이 필요하듯, 사회 역시 구조가 지속되기 위해 힘의 무게 중심을 끊임없이 조정해야 한다.

이 힘의 균형을 지탱하는 버팀목이 바로 규율, 규범, 관습과 같은 사회 질서다. 이 질서는 결코 고정불변하지 않다. 한쪽의 힘이 커지거나 약해지면 사회는 그에 맞춰 무게 중심을 옮기며 균형을 다시 맞춘다. 우리가 살아가는 사회는 언제나 이러한 조정 과정에 있으며, 균형이란 멈춰 있는 상태가 아니라 지속적인 조율이 만들어 내는 역동적인 상태다. 이제 이러한 힘의 균형이 우리 일상에서 어떻게 작동하는지 살펴보자.

사회 질서의 시작은 가장 작은 사회 단위인 가정에서 비롯된다. 그리고 그 질서를 설계하고 유지하는 상징적 인물이 바로 아버지다. 전통적으로 아버지는 가족을 외부로부터 보호하고, 내부적으로는 갈등을 조율하는 존재로 인식되어 왔다. 그의 역할은 단순한 생계 부양을 넘어, 가족 구성원들의 상호작용 속에서 질서를 수립하고 유지함으로써 사랑이라는 이름으로 하나 되는 공동체를 가능하게 하는 것이다. 그러나 이 과정 역시 힘의 균형 없이는 지속될 수 없다. 인류가 '만인의 만인에 대한 투쟁'을 피하기 위해 사회계약을 통해 절대 권력인 리바이어던에게 주권의 일부를 위임했듯, 가정 역시 평화롭고 안전한 공간을 만들기 위해 구성원들이 일정 부분의 자율성과 권한을 '아버지의 이름'에 맡긴다. 이 위임은 곧, 가정이라는 작은 사회에서 질서의 무게 중심이 아버지에게로 이동했음을 의미한다.

장기판의 말들은 정해진 규칙에 따라 움직인다. 졸은 앞으로만, 차는 곧게만 나아간다. 그 말들은 주어진 규칙에 의문을 제기하지 않는다. 아이 역시 마찬가지다. '아버지의 이름' 아래에서 자라는 아이는 아버지의 집에서 아버지의 규칙을 따르며 살아간다. "왜 그래야 하는가"라는 질문을 던지기도 전에, 규칙은 이미 공기처럼 당연한 질서로 체득된다. 아버지의 말과 행동은 가정 내에서 하나의 질서이자 판단의 기준으로 기능하며, 아이는 그 질서를 내면화하면서 가족의 일원으로 자신을 자리매김하게 된다.

이처럼 아버지가 설정한 규칙에 따라 움직이는 가족 구성원들의 모습은, 전통적인 가족의 이상형인 '가족은 하나다'라는 이데올로기와 맞닿아 있다. 이 이데올로기는 가족을 하나의 통일된 주체로 상상하도록 요구하며, 그 중심에는 질서를 유지하고 통합을 이끄는 상징적 존재로서 아버지가 놓인다. 물론 시대가 변하며 아버지의 권위는 점차 약화되고 있지만, 가족 모두가 하나가 되어야 한다는 이 이상적 구조는 여전히 강력한 영향력을 행사하고 있다. 어쩌면 지금도 우리는 가족을 '하나의 공동체'로 유지하기 위해, 누가 규칙을 정했는지도 묻지 않은 채 보이지 않는 장기판 위에서 각자의 말을 움직이고 있는지도 모른다.

근대의 전통적 가족 서사를 살펴보자. 이 이야기에서 사랑하는 두 남녀는 서로의 '반쪽'을 만나 하나가 되었음을 증명하기 위해 결혼이라는 제도 속으로 진입한다. 그러나 이들에게 결혼은 사랑의 완성이 아닌 서막에 불과하다. 두 사람은 자식을 낳음으로써 그 사랑이 실제로 완성되었음을 세상 앞에 증명하려 한다. 자식은 두 사람의 사랑이 실체화된 결과물로 여겨진다. 이 서사의 핵심은 가족은 이렇게 '반쪽인 남녀가 사랑으로 하나가 되고, 그 사랑의 결과로 자식을 낳아 가족이라는 완전한 하나를 이룬다'는 이야기로 구성된다.

하지만 '사랑으로 하나 되는 가족 만들기'에 집착하게 되면, 우리는 가족이 하나가 되어야 한다는 이데올로기와 사랑을 동일시하는 착각에 빠질 수 있다. 일상의 한 단면을 보자. 저녁 식사 시간에 가족 모두가 한자리에 모여 밥을 먹는 풍경을 그 자체로 서로를 사랑한다는 증거로 받아들이는 경우가 있다. 설령 식사 시간 내내 아무런 대화도 오가지 않고 건조한 수저 소리뿐일지라도, 겉으로 함께 있는 그 모습이 '이상적인 가족'이라는 이름으로 사랑의 증거가 되어 버리는 것이다.

이렇게 '가족은 하나'라는 이데올로기에 사로잡히면, 가족 구성원 개개인의 감정이나 욕망은 점점 중요하지 않게 된다. 중요한 것은 실제의 관계가 아니라 '함께 있는 모습', '하나로 보이는 형태'를 유지하는 것이다. 이상적인 가족이라는 외형을 지키기 위해 가족 구성원들은 각자의 욕망과 감정을 억누르고, 정해진 역할에 자신을 맞추게 된다. 결국 '가족은 하나'라는 이데올로기는 구성원들을 통합하는 이상처럼 보이지만, 실상은 그들의 행동과 감정을 조율하고 통제하는 강력한 규범으로 작동한다. 그리고 마침내 가족을 지배하는 주인은 살아 숨 쉬는 가족 구성원들이 아니라 '하나인 가족의 모습'이라는 추상적 이상 그 자체가 되어 버린다.

도리스 레싱(Doris Lessing)의 『다섯째 아이』는 전통적인 가치의 '행복한 가정'을 이상으로 삼는 해리엇과 데이비드의 이야기다. 이들은 혼전 성관계, 이혼, 낙태, 마약과 같은 현대적 관습을 거부하며, 전통적인 가족의 이상을 실현하려 한다. 그들의 꿈은 많은 아이들과 함께 큰 식탁에 둘러앉아 정답게 저녁을 나누는 것이었다. 이를 실현하기 위해 경제적 부담을 감수하면서까지 런던 외곽에 빅토리아풍의 삼 층 대저택을 장만한다. "여러 개의 방과 복도, 난간들이 있는 삼층집. 게다가 다락까지 있었다. 아이들을 위해서는 완전한 공간이 있는 그런 집이었다."[16]

해리엇과 데이비드는 계획대로 네 명의 아이를 낳는다. 그들의 집은 명절이 되면 부모와 친척들이 모여 함께 식사하고 담소를 나누는 따뜻한 공간이 된다. "해리엇과 데이비드는 모든 사람이 비난하고 비웃던 그들의 완고함이 이 기적을 성공적으로 이루어 냈다는 사실에 의기양양해했다."[17] 그들에게 가족은 사랑의 증표이며, 식탁은 그 사랑이 매일 실현되는 상징적 공간이었다. 전통적 이상에 대한 그들의 집착은 마침내 실현된 것처럼 보였고, 그 안에서 그들은 깊은 만족감을 느낀다.

그러나 그 완벽한 가정의 균열은 다섯째 아이 벤의 탄생과 함께 시작된다. 벤은 전혀 아기답지 않은, 불안하고 기이한 모습으로 태어난다. 해리엇은 벤을 처음 본 순간 "이 아이는 도깨비나 요괴나 뭐 그런 것 같아요."[18]라고 말한다. 벤의 출생은 단순히 가족 구성원이 하나 늘어난 사건이 아니라 그들이 믿고 쌓아 올린 가족 이데올로기에 대한 결정적인 도전이었다. 그는 기존의 규범과 조화를 이루지 못하는 '이질적 존재'로 인식되며, 가족이라는 공간 안에 잠재되어 있던 억압과

---

16 도리스 레싱, 『다섯째 아이』 정덕애 옮김, 민음사, 2014, 14쪽
17 도리스 레싱, 같은 책, 29쪽
18 도리스 레싱, 같은 책, 67쪽

긴장을 드러내는 촉매가 된다. 그 순간부터 해리엇과 데이비드의 삶은 그들이 상상하지 못했던 방향으로 급격히 전환된다. '하나의 이상적 가족'이라는 믿음은 벤이라는 타자를 포용하지 못한 붕괴하기 시작하고, 그 균열은 곧 가족 구성원 간의 관계 전체를 흔들기 시작한다.

벤은 프란츠 카프카의 『변신』에서 벌레로 변한 그레고르 잠자를 자연스럽게 연상시킨다. 그러나 벤은 태어난 순간부터 가족의 일원으로 받아들여지지 못했다는 점에서 그레고르와 결정적인 차이를 지닌다. 그레고르는 원래 가족의 생계를 책임지는 든든한 기둥으로서 확고한 자리를 차지하고 있었지만, 벌레로 변한 이후에는 더 이상 가족으로 간주되지 않는다. 변신 초기 그를 오빠로 인정하던 누이동생마저, 마침내 그를 '이것'이라 부르며 인간으로서의 지위를 박탈한다.

"저는 이 괴물 앞에서 내 오빠의 이름을 입 밖에 내지 않겠어요. 그냥 우리는 이것을 돌보고, 참아 내기 위해 사람으로서 할 도리는 다해 봤어요. 그 누구도 우리를 눈곱만큼이라도 비난하지는 못할 거라고 생각해요."
- 프란츠 카프카, 『변신·시골의사』, 전영애 옮김, 민음사, 1998, 69쪽.

그레고르는 가족의 든든한 기둥이자 사랑하는 오빠에서, 어느 순간 '이것'으로 호명되는 존재가 된다. '오빠'라는 호칭은 오직 가족 구성원에게만 허락되는 이름이기 때문이다. 따라서 '이것'이라는 기표는 그레고르가 더 이상 가족의 일원이 아님을 선언하는 언어적 행위라 할 수 있다.

결국 가족은 벌레로 변한 그레고르를 집 밖으로 내쫓기로 결정하고, 그 과정에서 느낄 수 있는 죄책감을 피하기 위해 "만약 이게 오빠라면, 사람이 이런 동물과 함께 살 수는 없다는 것을 진작에 알아차리고 자기 발로 떠났을 것"[19]이라며 그들의 결정을 합리화한다.

『다섯째 아이』의 벤 역시 이와 유사한 배제의 과정을 겪는다. 벤의 아버지 데이비드는 벤의 존재 자체를 부정하며 "아니야. 그 아이는 아니야. 어쨌건 그 앤 내 애가 확실히 아니야."[20]라고 말한다. 벤의 가족도 결국 벤을 요양소로 보내면서 그를 가족의 구성원에서 배제한다. 첫째 아들 루크 또한 "벤이 우리하고 아주 달랐기 때문에 데려간"[21] 것이라며 그 선택을 정당화한다.

벤과 그레고르 모두 '가족'이라는 이름 아래 통합될 수 없는 존재로 규정되며 배제된다. 그리고 이질적인 존재가 제거된 이후에야 가족은 다시 하나의 형태를 회복한다. 결국 '가족은 하나'라는 이데올로기는 차이를 품어 내는 방식이 아니라 차이를 배제함으로써 유지되는 구조임이 드러난다.

'가족은 하나'라는 이데올로기는 사랑이 가족을 하나로 묶는 힘이라고 주장한다. 그러나 『다섯째 아이』와 『변신』이 보여 주듯, 이 이데올로기가 전제하는 사랑은 일정한 틀 안에서만 허용되는, 철저히 조건부인 사랑이다. 가족 구성원이 그 틀을 벗어나는 순간, '가족은 하나'라는 이

---

19 프란츠 카프카, 같은 책, 70~71쪽
20 도리스 레싱, 『다섯째 아이』 101쪽
21 도리스 레싱, 같은 책, 104

상은 오히려 그 구성원을 배제하고 통제하는 논리로 작동한다. 이 체제에서 중요한 것은 개별 구성원의 존재가 아니라 '행복한 가족'이라는 외형적 질서를 유지하는 것이기 때문에, 가족 구성원은 교체 가능하며 그 형태 역시 가변적일 수 있다.

이러한 관점에서 보면, 전통적인 의미의 가족은 단순히 사랑하는 남녀가 결혼하고 자녀를 낳아 형성되는 관계에 그치지 않는다. 오히려 전통적 의미에서의 '가족'이라는 생명체는 자기 자신을 유지하고 연장하기 위해 가족 구성원에게 희생과 적응을 요구하는 하나의 체제이자 구조다. 벌레로 변신한 그레고르와 가족의 동질성을 위협하는 벤은, 이 체제가 허용하지 않는 예외적 존재이며, 가족이라는 질서를 유지하기 위해 결국 '배제되어야만 하는 타자'가 된다.

『변신』에서 벌레로 변한 그레고르가 죽은 후, 남은 가족들은 전차를 타고 교외로 소풍을 떠난다. 그들에게 오빠를 잃은 슬픔보다 더 크게 다가오는 것은 새로운 삶에 대한 기대와 희망이다. 훌쩍 자란 딸을 바라보며 새로운 삶을 계획하는 그들의 모습은, '하나 된 가족'이라는 이상이 오히려 누군가의 부재를 전제로 해서만 가능하다는 점을 적나라하게 보여 준다.

"딸이 제일 먼저 일어서며 그녀의 젊은 몸을 쭉 뻗었을 때 그들에게는 그것이 새로운 꿈과 좋은 계획의 확증처럼 비쳤다."

- 프란츠 카프카, 『변신·시골의사』 78쪽.

이 장면은 그레고르가 제거된 자리에서 새로운 가족이 재구성되는 순간이다. '가족은 하나'라는 이데올로기는 그레고르를 배제한 채, 남은 세 사람으로 구성된 또 다른 가족 형태를 통해 스스로를 연명한다.

그렇다면 '가족은 하나'라는 이상이 실현되는 공간은 과연 반드시 '가정'이어야만 할까? 아이는 누구의 소유물도 아닌, 독립된 인격과 욕망을 지닌 하나의 존재다. 그럼에도 많은 부모는 자신들이 구축한 규율과 질서 안으로 아이를 편입시키는 것을 사랑의 방식이라고 믿는다. 그들은 가족 구성원들이 하나의 목소리와 동일한 태도로 움직이는 상태를 이상적이고 행복한 가족의 모습으로 상상한다.

아이는 성장 과정에서 '아버지의 이름으로' 구축된 가족의 질서를 내면화하며, 점차 가족의 일원이자 그 질서를 유지하는 조력자가 되어 간다. 때때로 엉뚱한 행동이나 작은 일탈을 하기도 하지만, 결국 아이는 다시 가족의 품으로 돌아와, '하나의 가족'이라는 틀에 자신을 조정하려 애쓴다. 이 과정에서 아이는 아버지의 인정을 갈망하는 동시에, 그 질서에서 이탈해 가족으로부터 배제될 가능성을 두려워하게 된다.

미성숙한 아이에게는 '안전 없는 자유'보다 '자유 없는 안전'이 훨씬 더 절실한 선택지로 다가올 수 있다. 평화와 안정 그리고 소속감을 제공하는 가족의 존재는 아이에게 든든한 지지 기반이 된다. 이런 의미에서 아이의 인정 욕구는 자연스럽게 가족이라는 단일한 지표를 향해 수렴된다.

성적이 떨어진 주체는 아이지만, 명절날 친척들 앞에서 부끄러움을 느끼는 것은 가족 전체다. 학교에서 사고를 친 사람은 아이지만, 담임 교사 앞에서 고개를 숙이는 쪽은 부모다. 아이는 이런 경험을 통해 가족의 체면과 질서가 자신의 행동과 밀접하게 연결되어 있다는 사실을 체득하게 된다. 그래서 아이는 가족의 인정을 받기 위해 성적을 올리고 학교에서 말썽 피우지 않으려 애쓴다. 그렇지 않을 경우,『변신』의 그레고르나『다섯째 아이』의 벤처럼 가족 안에서 배제될지도 모른다는 불안이 아이의 내면을 지배하게 된다.

'아버지의 이름'은 아이에게 단순한 권위 그 이상이다. 그것은 가족의 질서와 안정 그리고 사회화의 출발점이다. 아이는 아버지의 인정을 통해 자신이 가족의 일원임을 확인하고, 이 경험은 자아 형성에 깊은 영향을 미친다. 하지만 동시에 아버지의 인정을 받지 못하는 상황은 아이에게 깊은 상실감과 불안을 불러일으킨다. 이 두려움은 결국 아이로 하여금 가족의 질서와 규범에 자발적으로 순응하도록 만드는 가장 강력한 동력이 된다.

요즘은 초등학생이라면 여러 개의 교과 학원과 예체능 학원을 오가는 모습이 낯설지 않다. 너무도 당연하게 받아들여지는 이 풍경 앞에서 문득 이런 질문이 떠오른다. 과연 아이들은 정말로 원해서 학원을 다니는 걸까. 자신의 꿈을 향해 스스로 선택한 길일까, 아니면 부모의 기대에 부응하기 위해 묵묵히 따르고 있는 것일까.

예전에 공동육아 방과후교실을 운영할 때, 우리는 종종 인근 초등학교 운동장으로 나가 전래놀이를 했다. 그 넓은 운동장에서, 축구부 아이들을 제외하고 자유롭게 노는 아이들은 거의 우리 공동육아 아이들뿐이었다. 때로는 축구부 아이들조차 훈련보다 놀이가 더 즐거운지,

우리 쪽으로 다가와 함께 어울리곤 했다. 그리고 종종 동네 아이들이 다가와 조심스럽게 묻곤 했다. "같이 놀아도 돼요?" 언제든지 환영이라고 대답하면, 아이들은 해맑은 얼굴로 금세 놀이 속으로 스며들었다.

그러나 그 해방감은 채 20분도 지속되지 못했다. 아이들은 이내 아쉬운 표정으로 "이제 학원 가야 해요"라며 무거운 책가방을 둘러매고 운동장을 떠났다. 그나마 우리와 잠시라도 놀고 학원에 간 아이들은 나은 편이다. 더 많은 아이들은 수업이 끝나자마자 교문 앞에 대기 중인 학원 봉고차에 올라, 곧바로 다음 수업으로 이동한다. 그들의 하루는 놀이도 숨 쉴 틈도 없이 이동과 학습으로 채워져 있다.

이 아이들은 과연 무엇을 위해 이렇게 열심히 공부하는 것일까. 자신의 꿈을 향해 달려가는 것일까 아니면 부모의 기대에 부응하기 위해 스스로를 억누르고 있는 것일까. 혹시 '부끄러운 가족의 일원'이 되지 않기 위해, 가족 안에서 배제되지 않기 위해 애쓰고 있는 것은 아닐까. 이 질문은 결코 과장이 아니다.

많은 경우, 아이들이 학원을 다니고 시험 성적에 매달리는 이유는 자기실현이나 학문적 열정 때문이 아니다. 그것은 부모의 시선과 기대 그리고 그 기대에 걸맞은 '괜찮은 자식'으로 남고 싶은 마음 때문이다. 부모는 자녀가 좋은 학교에 진학하고, 결국에는 '성공한 사람'이 되기를 바란다. 그래서 학원에 다니는 것, 늦게까지 공부하는 것, 주말에도 시간을 반납하는 것을 너무나 당연한 일로 여긴다. 아이 역시 어느 순간부터 그것이 '자기 일'인 것처럼 받아들이며 따라간다. 하지만 과연 아이들이 정말 자신을 위해 이 모든 노력을 감당하고 있는 것일까?

친구들과의 수다보다 단어장을 선택해야 하고, 놀고 싶은 본능보다 시간표를 우선시해야 하는 아이들은 지금 중대한 무언가를 상실하고 있다. 그것은 단순히 잠깐의 휴식이 아니라 '나는 진정 무엇을 원하는가'를 묻고 탐색할 수 있는 주체적 시간의 상실이다. 아이는 자신이 정말로 원하는 것이 무엇인지 질문해 볼 여유도 없이, 부모의 기대를 기준 삼아 자신을 조율한다. 혹시라도 그 기대에 미치지 못한다면, 사랑받지 못할지도 모른다는 불안은 이는 그레고르 잠자가 벌레로 변한 뒤 가족에게 외면당했던 장면처럼, 아이의 마음 깊숙이 스며든다. 아이는 '하나의 가족'이라는 이름의 무대 위에서 쫓겨나지 않기 위해, 배제당하지 않기 위해, 온 힘을 다해 '괜찮은 아이' 역할을 연기한다. 그렇게 아이는 자신이 누구인지 모르는 채, 자기 자신을 조금씩 잃어 간다.

공부를 잘하는 동생과 늘 문제아로 여겨지는 형이 있다고 가정해 보자. 부모의 기대에 부응하는 동생에게만 시선과 관심이 쏠리는 집안 분위기 속에서, 형은 점점 가족 안에서 보이지 않는 존재, 투명 인간이 되어 간다. 자신도 가족의 일원으로 인정받고 싶지만, 부모의 관심과 사랑은 늘 동생에게만 향해 있다. 형은 그런 상황 속에서 자신의 존재감을 어디에도 기대지 못한 채 살아간다. 학교에서도, 집에서도 말수를 줄이며 자신의 존재를 숨긴다. 저녁 식탁 너머로 들려오는 가족들의 웃음소리는 오히려 더 큰 고통이 된다. 문을 열고 식탁 앞에 앉는 순간, 자신이 정말 아무도 보지 않는 존재임을 확인하게 될까 두려워 형은 조용히 방 안에 머문다.

그러나 그 모습을 지켜보는 동생의 마음도 결코 편안하지 않다. 부모의 사랑을 놓치지 않기 위해 동생은 더 열심히 노력한다. 더 높은 점수, 더 바른 행동, 더 조심스러운 말투로 자신이 부모에게 '괜찮은 자식'임을 끊임없이 증명하려 애쓴다. 부모의 인정은 동생에게도 절실하다. 형이 투명 인간처럼 살아가는 모습을 지켜본 동생은, 결코 그 자리에 자신이 서고 싶지 않기 때문이다. 그래서 동생은 자신의 자리를 잃지 않기 위해 더욱 애쓴다.

형과 동생은 서로 다른 방식으로 그러나 같은 이유로 괴로워하고 있다. 부모의 인정, 가족이라는 공동체 안에서의 소속감 때문이다. 형은 존재감을 증명하지 못해 외롭고, 동생은 그 자리를 지켜 내기 위해 지쳐간다. 결국 두 사람 모두 '가족'이라는 무대 위에서 인정받기 위한 투쟁의 벼랑 끝에 매달려 있는 셈이다.

형과 동생에게 부모의 인정을 받는 일은 오랫동안 삶의 가장 중요한 목표였다. 가족이라는 무대에서 밀려나지 않기 위해, 부모의 눈에 들기 위해 각자 다른 방식으로 애써 왔다.

하지만 시간은 흐르고 아이는 자란다. 몸이 자라고, 시야가 넓어지며, 마음의 울타리도 조금씩 확장된다. 어느 순간 아이는 자신이 오랫동안 안주해 온 '아버지의 세계' 바깥에 새로운 지평이 존재한다는 사실을 목격한다. 그 너머의 세계는 아버지의 질서만큼 평화롭거나 안전하지는 않지만, 낯선 만큼 매혹적이다. 그리고 그곳에서 느껴지는 자유로움은 아이의 마음을 강하게 끌어당긴다. 점점 아이는 부모의 품에서 벗어나고 싶어진다. 부모의 기대와 기준은 버겁게 느껴지고, '아버지의 이름'이 아닌 '자기 이름'으로 살아가고 싶은 욕망이 싹튼다.

친구들은 그런 아이의 감정에 공감하고, 새로운 언어와 시선으로 그 욕망을 지지한다. 그렇게 아이는 친구들과 함께 부모의 세계를 벗어나, 조금씩 자신만의 세계로 발을 내디딘다.

개인의 발견

....

어머니의 품 안에서 아이는 어머니와 하나였다. 아이는 자신의 욕망이 어머니를 통해 충족되었기에, 어머니의 욕망을 자신의 것처럼 받아들이게 된다. 어머니가 좋아하는 음식을 먹고, 즐겨 듣는 음악을 듣고, 고른 옷을 입으며 아이는 어머니의 취향과 세계를 자연스럽게 익혀 간다. 이렇게 어머니의 세계는 아이에게 첫 번째 사회화의 장이 되며, 아이는 그 안에서 자아의 기초를 형성해 나간다.

그러나 아이는 성장하면서 점차 어머니의 세계를 떠나 '아버지의 집'으로 이동하게 된다. 아버지의 집은 어머니와의 관계에서 비교적 자유롭게 드러났던 충동과 욕망이 규율과 질서에 의해 조정되는 공간이다. 어머니를 향한 성적 충동, 물건을 부수고 싶은 파괴적 충동, 음식을 움켜쥐어 마구 먹고 싶은 탐욕, 장소를 가리지 않고 배변하고 싶은 욕망 등 원초아에서 비롯된 본능적 충동들은 '아버지의 이름'이라는 초자아에 의해 통제되고 제재된다.

아이는 아버지를 통해 사회적 규칙과 질서를 배우며, 점차 자신의 내면에 규범적 질서를 세워 간다. 이 과정은 아이가 사회의 일원으로 성장해 가는 첫걸음이자, 본능의 세계에서 문화의 세계로 옮겨가는 중요한 전환점이 된다.

사회화의 무대는 가족을 넘어 학교라는 더 넓은 장에서 더욱 본격적으로 이루어진다. 학교는 아이에게 또 다른 사회적 환경을 제공하는 공간이며, 아이는 이곳에서 교사와 또래들과의 관계 속에서 다양한 규칙과 역할을 배우게 된다. 가족 안에서 익힌 질서와 규율을 바탕으로 아이는 새로운 관계 맺기, 과제 수행, 역할 분담과 같은 복잡한 활동에 참여한다. 그러나 학교는 단순히 규칙을 따르기만 하면 되는 공간이 아니다. 그곳에는 경쟁과 평가, 비교와 기대가 끊임없이 작동한다. 친구들과의 경쟁, 교사의 기대, 성취에 대한 압박은 아이에게 새로운 심리적 갈등을 유발한다. 이 과정에서 아이는 '아버지의 이름'으로 대표되는 초자아의 목소리를 더욱 또렷하게 내면화하며, 자신의 규칙과 질서를 정교하게 다듬어 간다.

학교에 다니며 또래들과 보내는 시간이 늘어나지만, 여전히 아이에게 가장 중요한 존재는 부모다. 부모의 인정을 받는 일은 곧 자신이 사랑받고 있다는 확신으로 이어지며, 가족이라는 소속감은 아이에게 세상에서 가장 안전하고 든든한 울타리가 된다. 그 울타리를 벗어난다는 것은 아이에게 너무 큰 모험이다. 그래서 아이는 부모의 기대에 부응하고 가족이라는 안전지대를 유지하기 위해 학교와 학원을 오가며 성실히 공부한다. 아이는 이 노력이 자신이 원하는 미래를 위한 것이라고 믿지만, 그 믿음은 오래가지 않는다.

현실에서 아이는 학습과 시험, 다시 학습과 평가로 이어지는 시시포

스의 형벌 같은 반복 속에서 서서히 무기력해지는 자신을 목격한다. 매번 새로운 과제가 주어지고, 평가 앞에서 자신의 부족함을 확인하는 일이 반복되다 보면 과제를 완수했다는 뿌듯함이나 성취감을 느끼기 어려워진다. 이는 결국 아이로 하여금 노력해도 크게 달라지는 것이 없다는 좌절감을 품게 하고, 스스로를 무능하고 열등한 존재로 인식하게 만들 위험을 키운다.

한 학생의 이야기를 통해 이 비극적인 인정 투쟁을 구체적으로 들여다 보자. 처음 시험에서 70점을 받은 아이는 부모의 실망한 표정을 보고 마음을 다잡는다. 다음에는 더 잘해야겠다고 스스로를 다독이며 공부에 매달린 끝에, 다음 시험에서 85점을 받는다. 아이는 시험지를 들고 집으로 달려가 부모의 칭찬을 기대하며 성적표를 내민다. 부모는 "열심히 하니까 점수가 오르잖아. 다음엔 더 잘할 수 있을 거야"라고 말한다. 아이에게 이 말은 격려이자 희망이 된다. 더 큰 기대를 품은 채 공부에 몰입한 아이는 마침내 95점을 받는다. 이번에는 분명 충분히 칭찬받을 거라 믿는다. 하지만 돌아온 말은 "정말 잘했다. 그런데 하나 틀렸네. 다음엔 실수하지 말자"였다. 아이는 이제 100점을 받으면 비로소 완전히 인정받을 수 있을 거라 생각한다. 그렇게 또다시 자신을 몰아붙인다. 그리고 마침내 100점을 받는다. 그러나 부모의 반응은 뜻밖이다. "이번 시험은 쉬웠나 보네. 몇 명이나 100점 받았니?" 아이는 혼란에 빠진다. 이 정도면 잘한 것 아닌가? 그런데 왜 나는 늘 부족한 사람처럼 느껴질까?

이런 미완수감의 반복 속에서 아이는 서서히 깨닫게 된다. 부모의 기준은 늘 한 걸음 앞에 있고, 자신은 결코 도달할 수 없는 무언가를 계속 좇고 있다는 사실을 말이다. 아무리 노력해도 완전히 인정받을 수 없다는 좌절감은 성취의 기쁨을 앗아 간다. 아이는 어느 순간부터 점수를 올리기 위해서가 아니라 부모의 실망한 표정을 피하기 위해 공부하고 있다는 사실을 깨닫는다. 그리고 마음속으로 스스로에게 묻는다. 나는 왜 이렇게 부족할까?

이 끝나지 않는 미완수감은 공부를 못하는 아이에게만 나타나는 문제가 아니다. 오히려 공부를 잘하는 아이일수록 더 깊은 열등감을 품고 있을 수도 있다. 겉으로는 모든 것을 이룬 듯 보이지만, 내면에서는 단 한 번도 "이것으로 충분하다"는 만족을 느껴보지 못한 채 공허함만 쌓여 간다. 높은 성적은 더 높은 기대를 낳고, 그 기대를 충족하지 못하면 사랑받지 못할 것이라는 불안은 아이를 끊임없이 자신과 비교하게 만든다.

부모의 사랑이 특정한 성과를 전제로 한 '조건부'로 느껴지는 순간, 아이에게 공부는 더 이상 자신의 꿈을 이루기 위한 수단이 아니다. 그것은 단지 배제되지 않기 위해, 인정받기 위해 선택한 필사적인 생존 방식일 뿐이다.

여러 학원에 보내고 개인 교습까지 시키는 것이 자식을 위한 일이라 믿는 부모들은, 정작 아이들에게 '완수감'이 아닌 '끝없는 미완수감'을 안겨 준다. 부모의 인정과 소속감을 얻기 위해 열심히 노력하는 아이들은 성취의 기쁨을 누리기보다, 늘 부족하다는 감각 속에서 점점 깊은 열등감에 빠져든다. 이런 미완수감과 열등감이 반복되면 아이들은 결국 무력감에 빠져, 무엇을 하고 싶다는 욕망도 무엇이든 해낼 수 있다는 자신감도 갖기 어려워진다. 끝없는 과제와 부모의 기대에 짓눌린 아이는 그 과정에서 자기 자신을 잃고, 자존감마저 무너뜨리게 된다.

이 상황을 벗어나기 위해 필요한 것은 시험 점수나 비교 평가가 아니다. 아이에게 필요한 것은 '해냈다'는 감각을 몸으로 경험할 수 있는 다양한 활동들이다. 씨앗을 뿌리고 기다려 수확까지 경험하는 텃밭 가꾸기, 자신이 쓸 물건을 직접 만드는 수공예나 목공 활동, 무거운 배낭을 짊어지고 산과 길을 걷는 지리산 종주나 올레길 걷기 같은 경험들은 아이에게 단순한 재미 그 이상의 의미를 안겨 준다.

이런 경험을 통해 아이는 자신이 무언가를 스스로 '완수할 수 있는 존재'라는 가능성을 발견한다. 텃밭에서 첫 수확을 손에 쥘 때, 한 땀 한 땀 만든 필통을 완성했을 때, 지리산의 마지막 봉우리를 넘었을 때 아이들은 스스로에게 묻게 된다. "내가 이런 것도 할 수 있었던가?" 바로 그 순간, 아이는 지금까지 몰랐던 자기 자신과 마주하게 된다. 이 경험을 통해 생겨나는 유능감은 부모의 칭찬이나 외부 평가가 아니라 '내가 해냈다'는 자기 확신에서 비롯되기에 더욱 단단하고 오래간다.

이러한 유능감은 아이를 '자유'에 눈뜨게 한다. 자유에 눈을 뜬다는 것은 곧, 이전까지 누려 왔던 안온한 세계에서 벗어나야 할 때가 왔음을 의미한다. 아버지의 집은 규율과 질서를 통해 안도감과 소속감을 제공하지만, 그 질서는 어느 순간부터 아이에게 점점 숨 막히는 경계로 다가오기 시작한다.

인간은 언제나 '자유 없는 안전'과 '안전 없는 자유' 사이에서 갈등하는 존재다. 그렇기에 자유를 자각한 아이는 그 경계에서 흔들릴 수밖에 없다. 아이 역시 알고 있다. 자신의 몸이 이전보다 자랐고, 부모의 도움 없이도 해낼 수 있는 일이 점점 많아졌다는 사실을. 이러한 자각은 아버지의 집을 점점 좁게 느끼게 만들고, 자유를 향한 열망을 더욱 키운다.

에리히 프롬이 말했듯, "자유의 의미는 자신을 독립된 별개의 존재로 자각하고 인식하는 정도에 따라 달라진다."[22] 이 자각이 깊어질수록, '아버지의 이름'으로 대표되는 질서와 통제는 더 이상 아이의 자유에 대한 열망을 충분히 억누르지 못한다. 아이는 어머니의 욕망이나 아버지의 질서에 머무르기보다, 이제는 자신의 욕망과 자신의 질서를 만들고자 한다.

이 과정에서 아이는 자신을 하나의 '개인'으로 인식하며 누구의 아이로 머무는 존재가 아니라 독립된 '존재'로 인정받고 싶어 한다. 자기 자신을 주어로 삼는 삶. 이 자각이 깊어질수록 자유에 대한 갈망은 더욱 커지고, 마침내 부모의 기대와 사회적 규범을 넘어 자기 삶을 주도적으로 살아가고자 하는 의지로 이어진다.

아이의 내면에서 싹트는 '개인'이라는 자각은 자신과 타자를 구분하는 인식에서 출발한다. 나와 너를 구별하는 일은 성인에게는 당연해 보일지 모르지만, 아직 자기중심적 사고에서 완전히 벗어나지 못한 아이에게는 매우 중요한 인식의 전환이다. 자기중심적인 아이에게 어머니의 애정과 관심, 아버지의 질서와 권위는 "아이의 우주를 이루는 일부이며, 이 세계는 아직 아이 자신과 구별되지 않은 일부"[23]이기 때문이다. 따라서 아이는 자신과 구별되지 않았던, 안도감과 소속감을 주던 아버지의 집에서 멀어질수록 깨닫게 된다. 자신이 다른 모든 존재와 분리된 별개의 존재이며, 결국은 홀로 서야 한다는 사실을. 외부 세계에서 마주하게 될 위험과 도전을 스스로 감당하겠다는 의지가 모습을 드러내는 순간, 비로소 자신과 타자를 구별하는 '개인'이 탄생한다.

자기중심적인 존재에서 의지적 존재로 성장해 가는 과정에서, 아이는 어느 순간 자유로운 개인으로 부모 앞에 등장한다. 이전까지 순종적이고 부모에게 의존적이었던 아이가 갑자기 부모의 말에 저항하고, 적개심과 반항심을 드러내기 시작하면 부모는 당혹감과 낯섦을 느낄 수 있다. 그러나 이러한 변화를 문제행동으로 볼 것이 아니라 아이가 자유로운 주체로 발돋움하고 있다는 신호로 이해할 필요가 있다.

이 장면은 최초의 인류 아담이 신의 금기를 거역함으로써 자유를 획득한 이야기와도 닮아 있다. 에리히 프롬은 "권위의 명령을 거역하고 죄를 짓는 행위는 긍정적이고 인간적인 관점에서 보면 최초의 자유로운 행동, 즉 최초의 '인간다운' 행동"[24]이라고 말한다. 이 관점에서 보면, 아이의 저항과 반항은 권위에 대한 거부가 아니라 자유로운 개인으로 성장하기 위한 인간적인 첫걸음이다.

---

23 에리히 프롬, 같은 책, 42쪽
24 에리히 프롬, 같은 책, 49쪽

물론 새롭게 획득한 자유는 아이에게 해방의 기쁨보다는 정체 모를 두려움과 혼란으로 먼저 다가온다. 아이는 이제 부모의 욕망과 질서가 자신과 다르다는 사실을 분명히 인식하지만, 동시에 자신의 욕망과 질서를 스스로 세울 준비는 아직 충분하지 않기 때문이다. 프롬의 말처럼, 아이는 "낙원의 달콤한 속박으로부터의 자유는 얻었지만, 자신을 다스리거나 자신의 개성을 실현하기 위한 자유는 얻지 못한 상태"[25]에 놓여 있다. 다시 말해, 아이는 자유롭지만 동시에 무력하며, 이 자유를 어떻게 다루어야 할지 알지 못해 불안을 느낀다.

하지만 다행스럽게도 아이는 이 거친 광야에서 혼자가 아님을 발견한다. 자신과 닮은 불안과 흔들림을 겪으며 껍질을 깨고 있는 또래들을 마주하게 되고, 그들과 어울리며 세상 밖으로 한 걸음 더 내디딜 용기를 얻는다. 아이는 알을 깨고 세상 밖으로 나오려 애쓰는 새처럼, 끊임없이 자신을 시험하며 넘어지고 다시 일어선다. 이 치열한 반복 속에서 아이는 부모의 품이라는 안온한 중력을 이겨 내고, 진정으로 독립된 개인으로 우뚝 서기 위한 투쟁을 이어 간다.

25 에리히 프롬, 같은 책, 49쪽

새는 알에서 나오려고 투쟁한다

....

인지심리학자 레프 세묘노비치 비고츠키(Lev Semenovich Vygotsky)는 아이의 발달이 물질적 필요와 그 필요를 충족할 심리적 능력 사이의 모순을 극복해 가는 상호작용 속에서 이루어진다고 보았다.[26] 이 관점은 아이의 성장 과정에서 마주하게 되는 시련과 난관이 부정적인 장애물이 아니라 오히려 긍정적 발달을 촉진하는 필수 조건임을 보여 준다.

예를 들어, 아기는 자신이 원하는 음식을 말로 표현할 수 없지만, 팔과 손가락을 움직이며 의사를 전달하려 애쓴다. 이 과정에서 아이는 자주 실패하고, 때로는 전혀 엉뚱한 것을 집어 먹기도 한다. 그러나 이러한 실패와 엇나감은 '절박한 필요'와 '미숙한 능력' 사이의 간극을 드러내는 중요한 계기다. 걸음마를 배우는 아이가 수없이 넘어지고 다시 일어나며 균형과 근력을 키워 가듯, 아이는 반복된 좌절과 시도를 통해 점차 더 정교한 표현과 행동 방식을 습득해 간다.

이러한 조율 과정 속에서 아이는 자신의 필요를 스스로 충족할 수

---

26 레프 세묘노비치 비고츠키 지음, 『연령과 위기』 비고츠키연구회 옮김, 살림터, 2016, 7쪽 참조

있는 능력을 확장하고, 새로운 난관을 마주할 때마다 그것을 해결하기 위한 심리적·신체적 도구를 하나씩 갖추게 된다. 이 경험들은 아이가 자기 자신을 더 깊이 이해하도록 돕고, 자신감과 자율성을 형성하는 중요한 토대가 된다.

결국 발달이란 모순과 갈등을 제거하거나 회피하는 데서 이루어질 수 없다. 오히려 그것을 적극적으로 받아들이고 해결해 나가는 과정 속에서 성취되는 성장과 성숙이다. 비고츠키의 이론이 말하듯, 아이는 필요와 능력 사이에서 발생하는 지속적인 긴장과 갈등을 통해, 그 지점마다 이전과는 다른 발달의 국면, 새로운 성장의 마디를 만들어 간다.

'아버지의 이름으로' 내면화해 온 가치와 기준에 처음으로 의문이 생길 때, 아이는 비로소 자신에게 고유한 기준이 없다는 사실과 마주하게 된다. 스스로 세웠다고 믿었던 가치들이 실은 아버지가 부여한 것이었음을 알아차리는 순간, 아이의 내면에는 깊은 혼란이 찾아온다. 이 자각은 곧 아버지의 세계 바깥에 또 다른 세계가 존재할지도 모른다는 가능성을 인식하게 만든다. 아버지의 질서 안에서 유지되던 마음의 평온은 그 인식과 함께 흔들리고, 갈등이 서서히 밀려오기 시작한다. 어쩌면 그 다른 세계에서는 진정으로 자기 자신의 기준을 발견할 수 있을지도 모른다는 기대가 생기면서, 아이는 점점 두 세계 사이 어디에도 완전히 속하지 못한 채 방황하게 된다.

헤르만 헤세(Hermann Hesse)의 『데미안』에서 싱클레어 역시 이러한 두 세계의 존재를 인식하게 된다. 첫 번째 세계는 "어머니와 아버지'라는 이름의 세계이자 사랑과 철칙, 교육과 모범의 세계"였다. 반면 두 번째 세계는 "하녀들과 행상들, 귀신 이야기와 추문들이 뒤섞인"[27] 혼란과 어둠의 세계였다. 싱클레어는 악취가 가득하고 불량배들이 활보하며 폭력이 난무하는 세계가 아니라 찬송가가 울려 퍼지고 평화와 질서, 의무와 자비가 흐르는 정돈된 아버지의 세계에 속해 있다는 사실에 안도한다.

그러나 곧 그는 이 두 세계가 결코 멀리 떨어져 있지 않으며, 오히려 놀라울 만큼 가까이 맞닿아 있다는 사실을 깨닫는다. 더 나아가 자신이 이미 두 세계 모두에 발을 딛고 살아가고 있다는 사실을 자각하게 된다. 이 경험은 싱클레어 개인의 성장담을 넘어, 부모의 세계와 그 바깥의 세계 사이에서 균열을 경험하는 모든 아이들이 겪는 보편적인 내적 분열을 상징한다. 안전하고 정돈된 세계에 속해 있다는 안도와, 그 질서 바깥을 향한 호기심과 불안이 동시에 아이의 마음속에서 충돌하는 순간, 아이는 더 이상 이전의 자신으로 머물 수 없게 된다.

> "나는 밝고 진실한 세계에 속했지만, 눈을 돌리고 귀를 기울이는 곳마다 다른 세계가 있었다. 나는 다른 세계에서, 양심의 가책과 불안감이 느껴지는 으스스한 세계에 이미 살고 있었다."
>
> - 헤르만 헤세, 『데미안』 13쪽

27　헤르만 헤세, 이순학 옮김, 『데미안』 더스토리, 2020, 12쪽

아이는 싱클레어처럼, 아버지의 세계와 그 너머의 또 다른 세계가 맞닿아 있다는 사실을 서서히 알아차리기 시작한다. 처음에는 분명하고 견고해 보이기만 했던 경계가 점점 흐려지면서, 아이는 자신이 이미 그 두 세계 사이에 동시에 발을 딛고 서 있다는 위치를 자각하게 된다.

아버지의 세계는 질서와 규율, 사랑과 교육이라는 이름으로 구축된 안정된 공간이다. 이 세계에서는 모든 것이 정해진 틀 안에서 예측 가능하게 움직이며, 아이는 그 안에서 보호받고 있다는 감각을 느낀다. 무엇이 옳고 무엇이 그른지가 비교적 명확하고, 따라야 할 규칙과 기준이 분명한 세계다. 그러나 그 이면에 자리한 또 다른 세계는 전혀 다른 성격을 지닌다. 그곳은 불확실하고 예측할 수 없으며, 때로는 위험하고 혼란스럽기까지 한 공간이다. 부모의 시선과 보호가 닿지 않는 곳, 익숙함이 아닌 낯섦과 직접 마주해야 하는 세계다.

이 상반된 두 세계가 격돌하는 경계선 위에서 아이는 점점 깊은 갈등에 휘말리기 시작한다. 한쪽에는 평온과 안도, 소속과 보호를 약속하는 아버지의 세계가 있고, 다른 한쪽에는 아직 이름 붙일 수 없지만 어쩐지 강하게 끌리는 미지의 세계가 있다. 아이는 아버지의 세계 안에 머무르고 싶은 마음과, 그 너머로 나아가 자기만의 기준과 목소리를 찾고 싶은 욕망 사이에서 끊임없이 흔들린다.

이처럼 우리 마음속에도 싱클레어가 경험한 두 세계는 공존한다. 하나는 절제와 질서, 평온이 지배하는 아버지의 세계이며, 다른 하나는 쾌락과 폭력, 그리고 억눌려 있던 충동과 어둠이 뒤섞인 금지의 세계다. 우리는 '아버지의 이름으로' 이루어진 가정과 사회의 교육을 통해,

아버지의 세계를 선의 공간으로, 금지된 세계를 악의 공간으로 배워 왔다. 그러나 시간이 흐를수록 아버지의 세계는 점차 지루하고 무미건조하게 느껴지고, 그 이면에 숨겨져 있던 금지의 세계는 오히려 더 생생하고, 더 살아 있는 세계처럼 유혹적으로 다가온다.

두 세계 사이에서 아이는 은밀한 의문을 품는다. 정말 아버지의 세계만이 선일까? 금지된 세계는 정말 모두 악일까? 그 질문이 마음속에서 자라기 시작할 때, 아이는 어느새 아버지의 경계를 벗어나 다른 세계의 문을 슬며시 열어 본다. 그 결과, 익숙한 규범에서 벗어난 행동과 설명할 수 없는 충동, 부모의 기대에 대한 저항이 아이의 몸과 마음에 서서히 나타나기 시작한다. 그 모습을 본 부모들은 말한다. "아, 우리 애도 사춘기를 시작했나 보다." 그러나 이는 단순히 성장의 한 단계를 넘는 생리적 변화가 아니다. 그것은 아이가 처음으로 자신의 내면에 존재하는 두 세계를 의식하고, 그 경계를 넘나들기 시작했다는 신호다. 동시에 이는 '아버지의 이름'을 넘어 '자신의 이름'으로 살아가기 위한 첫 발걸음이기도 하다.

사춘기는 두 세계의 충돌이 가장 격렬하게 드러나는 시기다. 동화(同化)에서 이화(異化)로, 동일성에서 차이로, 동질성에서 이질성으로 이동하는 내면의 변화가 이 시기에 선명하게 드러난다. 공감에서 반감으로 이동하는 감정의 전환 역시 이 과정의 일부다. 이 시기는 부모가 그어 놓은 선을 처음으로 넘는 순간이자, 그 선을 넘기 위해 갈등하고 저항하는 의지가 시험받는 시기이기도 하다. 그래서 사춘기 청소년은 아버지의 세계와 또 다른 세계의 경계에 선 채, 이쪽과 저쪽을 번갈아 바라

본다. 어디로 가야 할지 갈피를 잡지 못한 채 갈등하고, 어느 쪽으로도 쉽게 옮겨 가지 못해 불안에 휩싸이기도 한다. 이 시기의 본질은 두 세계 사이의 충돌이며, 청소년은 그 사이에서 자기만의 기준과 정체성을 구축하려는 고통스러운 탐색을 시작한다.

　많은 부모들은 "시간이 지나면 다 괜찮아질 것"이라 여기며 사춘기를 일시적인 호르몬의 소용돌이로 치부하며 무심히 넘기려 한다. 그러나 아이가 사춘기의 내면 상태를 서른 살이 넘도록 지속할 수도 있다는 사실은 쉽게 간과된다. 사춘기의 시작은 대체로 10대 초반이지만, 그 끝은 개인에 따라 크게 다르며 최근에는 그 시기가 점점 늦어지고 있다. 이는 단지 영양 상태의 변화 때문만은 아니다. 현대 사회의 급격한 변화와 다원화된 가치 체계는 청소년들에게 더 많은 선택지를 제시하는 동시에, 그만큼 더 큰 혼란과 압박을 안겨 준다. 부모 세대의 낡은 규범과 급변하는 시대의 새로운 이상 사이에서 발생하는 균열은 과거보다 훨씬 깊고 넓어졌다. 그 결과 청소년은 자기만의 기준을 찾아가는 데 더 많은 시간과, 더 복잡한 과정을 거치게 되었다.

　현대 심리학은 인간의 발달을 유아기, 유년기, 학령기, 청소년기, 청년기, 중년기, 노년기 등으로 세분화하고 있다. 그러나 전통사회에서는 이러한 정교한 구분이 존재하지 않았다. 전통사회에서는 삶의 전반이 '아이'와 '어른'이라는 두 범주로 크게 나뉘었으며, 오늘날 청소년기에 해당하는 시기는 별도의 발달 단계로 인식되지 않았다. 신체적 성숙이 곧 노동과 혼인의 자격으로 직결되던 시대에 어른이 되는 기준은 명확했다. 혼례를 올리지 못한 이는 나이와 상관없이 '아이'로 남았으며, 혼례를 치른 이는 곧장 공동체의 책임을 짊어진 '어른' 대접을 받았다. 이 시기에 경험하는 정체성의 혼란이나 감정의 동요, 사회적 역할 전환에서 비롯되는 갈등은 사회적으로 뚜렷하게 인식되거나 문제화되지 않았다.

만약 전통사회에서도 오늘날과 같은 사춘기의 갈등과 위기가 분명하게 드러났다면, 이를 가리키는 언어나 개념이 자연스럽게 형성되었을 것이다. 그러나 그러한 언어적·개념적 표상이 존재하지 않았다는 사실은, '사춘기'라는 개념이 단순한 생물학적 변화의 반영이 아니라 사회적·문화적 필요에 의해 구성된 발달 범주임을 시사한다.

문화인류학자 마가렛 미드(Margaret Mead)는 20세기 초 사모아 청소년과 서구 청소년의 성장 과정을 비교 연구함으로써 이러한 관점을 뒷받침했다. 그녀는 사모아 청소년들이 비교적 갈등 없이 청소년기를 통과하는 모습을 관찰하였다. 그녀는 사춘기에 나타나는 다양한 행동과 심리적 변화가 생물학적 요인(호르몬 변화)뿐만 아니라 문화적 배경과 사회 제도의 영향을 크게 받는다는 결론에 도달했다. 사모아 사회에서는 성적 성숙과 사회적 역할의 전환이 비교적 자연스럽게 이루어졌으며, 청소년들은 특별한 위기나 저항 없이 어른의 세계로 진입했다. 반면 서구 사회에서는 청소년들이 다양한 사회적 기대와 역할의 경계에 놓이면서 갈등을 겪고, 정체성의 혼란을 경험하는 경우가 많았다.

서구 문명에서 '사춘기'라는 개념이 본격적으로 등장하고 사회적 주목을 받게 된 데에는 근대식 학교 제도의 도입이 결정적인 역할을 했다. 비슷한 연령대의 아이들을 학년별로 구분하여 동일한 공간에서 동일한 시간표에 따라 교육하는 이 제도는 인류의 역사에서 비교적 최근에 발명된 인위적인 장치다.

인류는 오랜 세월 동안 가족과 마을, 공동체 중심의 비형식적 교육 속에서 성장해 왔으며, 연령 구분 역시 오늘날처럼 엄격하지 않았다. 이를 보여 주는 사례로 조선시대의 서당교육을 살펴보면, 다양한 연령의 아이들이 함께 공부하며 각자의 속도에 맞춰 성장해 나갔다. 나이와 능력은 엄격히 분리되지 않았고, 교육은 공동체의 일상과 밀접하게 연결되어 있었다. 이에 비해 근대식 학교는 연령을 기준으로 구획된 폐쇄적인 집단을 형성하며, 또래 문화와 경쟁 중심의 구조를 강화했다. 이러한 환경은 청소년기 특유의 정체성 혼란, 반항심, 소외감 등을 촉진하는 사회적 조건으로 작용했다.

물론 학교 제도의 도입과 함께 사춘기의 특징들이 즉각적으로 드러난 것은 아니다. 사춘기는 정치·경제·사회·문화 전반의 변화 속에서 점차 뚜렷한 사회적 현상으로 자리 잡았다. 산업화와 도시화, 가족 구조의 변화, 학력 중심의 경쟁 사회는 청소년기에 대한 새로운 요구와 압력을 만들어 냈고, 학교는 이러한 사회적 변화와 요구를 흡수하고 재생산하는 주요 공간이 되었다.

인류 문명은 전통 농경사회를 지나 산업사회와 정보통신 사회를 거쳐, 현재는 인공지능이 보편화되는 초지능 사회로 빠르게 이동하고 있다. 이러한 사회 변화의 흐름은 단순하고 예측 가능한 구조에서 복잡하고 불확실한 구조로의 이동이라 할 수 있다. 농경사회나 초기 산업 사회에서는 학교에서 배워야 할 지식이나 취업을 위한 준비가 지금보다 훨씬 단순했고, 미래에 대한 불확실성 또한 상대적으로 낮았다. 당시 학생들은 학교 수업을 마치고 돌아오면 자연스럽게 집안일이나 농사일을 도우며 가족과 공동체의 일원으로서 역할을 수행했다. 학생이라는 신분은 성숙을 유예하는 지위가 아니었다. 방과 후에 밥을 짓고, 물을 긷고, 소에게 여물을 주는 일은 공동체의 일원으로서 존재감을 확인받는 당연한 자기 몫이었다. 이 과정에서 아이들의 사회·심리적 성숙은 이론이 아닌 삶의 현장에서 입체적으로 완성되었다.

그러나 인공지능 기술이 보편화된 오늘날의 상황은 전혀 다르다. 사회 구조는 더욱 복잡해졌고, 배워야 할 지식과 기술의 양은 기하급수적으로 늘어났다. 취업을 위한 준비에는 더 많은 시간과 비용이 요구되며 경쟁은 치열해졌고, 미래에 대한 불확실성과 불안 역시 크게 증가했다. 이처럼 성인이 되기까지 요구되는 긴 준비 기간과 높은 불확실성 속에서 '학생'이라는 정체성은 점점 더 길고 고립된 시기로 확장되었다. 대다수 부모는 이제 자녀가 공부 외의 다른 역할—집안일이나 가족 내 책임—을 맡는 것을 시간 낭비로 간주하며 의도적으로 차단한다. 그 결과 학생은 오직 '공부하는 사람'으로만 존재하게 되고, 다른 역할과 책임으로부터 분리된 상태에 놓이게 된다.

이처럼 사회가 복잡해질수록 성인이 되기까지 요구되는 준비와 책임의 무게는 커지고, 그에 따라 유예 기간 역시 길어질 수밖에 없다. 본래 청소년기에는 다양한 경험을 통해 자신에게 맞는 삶의 방향과 역할을 탐색하고 사회적 책임과 역할을 시험하고 준비할 수 있어야 한다. 그러나 현실은 이러한 이상과 거리가 멀다. 많은 학생들이 학교와 학원을 오가는 일상에 매몰된 채, 정작 자기 자신을 탐색하고 실험해 볼 기회를 거의 갖지 못한다. 자기 삶의 주인이 되기 위한 준비의 시간인 유예기가 오히려 공부에만 갇혀, '공부하는 아이'라는 단일한 틀 속에 자신을 가두는 고립의 시간으로 변질된 것이다. 사회가 복잡해질수록 청소년기의 자기 탐색과 실험은 더욱 절실해지지만, 정작 청소년의 삶을 지배하는 제도와 문화는 이를 허용하기보다 그 실험의 통로를 철저히 차단하고 있다.

현대 사회에서 예측 불가능성과 불안정성이 커질수록, 청소년들이 자아를 형성하고 사회적 역할을 준비하는 유예 기간은 점점 더 길어질 수밖에 없다. 대학 진학뿐 아니라 대학원 진학률이 높아지는 현상 역시 단순한 학구열의 결과라기보다는, 학생이라는 신분을 통해 사회적 책임을 유보하고자 하는 심리가 반영된 결과로 볼 수 있다. 치열한 입시와 경쟁에 익숙해진 청소년들이 정작 사회로 나아가는 데 주저하는 이유는, 그 현실이 훨씬 더 각박하고 복잡하다는 사실을 이미 체감하고 있기 때문이다. 이러한 회피는 결국 사회적 역할을 수행할 준비가 충분히 이루어지지 않았다는 자각으로 이어지며, 전반적인 사회·심리적 성숙도 역시 낮아지는 결과를 낳고 있다.

전통 농경사회의 청소년과 비교할 때, 오늘날의 청소년들은 신체적으로는 더 빠르게 성장하지만, 사회적 역할과 책임을 실제로 수행할 수 있는 역량은 오히려 미숙한 편이다. 신체 발달의 성숙도와 사회·심리적 성숙도 사이의 불균형은 점점 심화되고 있으며, 이로 인해 청소년들이 겪는 내면의 갈등 역시 커지고 있다. 겉으로는 이미 성인의 몸을 갖추었지만, 실제로는 사회적 책임을 감당할 준비가 되어 있지 않기 때문이다.

청소년들은 스스로 준비되지 않았다고 느끼며 사회로 나아가는 데 주저한다. 그들이 느끼는 불안은 단순히 개인의 나약함에서 기인한 것이 아니다. 그것은 삶의 현장에서 사회적 역할을 직접 실험하고 실패하며 배울 수 있는 '실전의 장'이 사라진 현실, 오직 책상 앞에서의 '준비'만을 강요하는 구조적 모순이 빚어낸 필연적인 결과물이다. 결국 오늘날의 사춘기는 독립을 준비하는 시간이 아니라 준비만을 반복하는 '긴 대기의 시간'이 되어 버렸다.

청소년기라는 질풍노도의 시기를 보다 입체적으로 이해하기 위해 뇌 발달의 역학을 들여다볼 필요가 있다. 인간과 침팬지의 유전적 차이는 불과 1% 남짓에 불과하지만, 뇌의 지형도를 펼치면 압도적인 차이가 드러난다. 침팬지의 전두엽은 전체 뇌의 약 5%를 차지하는 반면, 인간의 전두엽은 약 20%에 이른다. 뇌과학적으로 인간과 침팬지를 구분 짓는 중요한 차이 중 하나는 바로 이 전두엽의 비율이다. 전두엽은 추론, 계획, 운동 조절, 감정 통제, 문제 해결과 같은 고차원적 기능을 담당하며, 특히 전두엽의 앞부분인 전전두엽은 기억력, 사고력, 판단력 등 고등 인지 기능을 수행한다. 또한 다양한 연합 영역에서 들어오는 정보를 통합하고, 충동을 억제하며 행동을 조절하는 역할을 한다.

전전두엽은 뇌에서 가장 늦게까지 발달하는 영역으로, 일반적으로 18~21세 무렵부터 본격적으로 성숙하기 시작해 20대 후반까지도 발달이 이어지며, 이후에도 매우 느린 속도로 변화가 지속된다. 따라서 청소년들은 신체적으로는 이미 성인의 몸을 갖추었지만, 자제력·계획력·판단력을 담당하는 전전두엽은 여전히 미완성 상태에 있다.

이를 자동차에 비유하면, 강력한 가속 페달과 고성능 엔진은 갖추었지만, 브레이크 시스템은 아직 충분히 완성되지 않은 상태라 할 수 있다. 이처럼 불완전한 제어 장치를 장착한 자동차로 고속도로를 달리는 일은 매우 위험할 수밖에 없다. 여기에 과도한 경쟁, 미래에 대한 불확실성, 정체성 혼란과 같은 심리적 불안까지 겹친다면, 청소년들이 자기 삶의 방향을 안정적으로 조정하기란 더욱 어려워진다.

청소년들이 겪는 혼란은 신체 발달에 따른 호르몬 변화와 아직 완성되지 않은 뇌 발달, 특히 전전두엽의 미성숙에서 비롯된다. 그러나 이러한 혼란을 생물학적 요인만으로 설명하는 데에는 분명한 한계가 있다. 만약 청소년들이 미래의 꿈을 향해 다양한 가능성을 탐색할 수 있고, 경쟁이 아닌 협력을 통해 문제를 해결하는 경험을 하며, 고민을 털어놓을 수 있는 신뢰할 만한 멘토와 지지적 환경 속에 놓여 있다면, 사춘기의 모습은 지금과는 분명히 달라졌을 것이다. 사회·문화적 조건에 따라 청소년의 '가속 페달'은 더 강력해질 수도 있고, '브레이크'는 더욱 무력해질 수도 있다.

결국 사춘기에 나타나는 반사회적 행동은 청소년 개인의 일탈이라기보다, 사회 전반의 이상 징후를 드러내는 경고음에 가깝다. 이는 청소년들이 살아가는 환경이 충분히 안전하고 건강하지 않다는 점, 그리고 그들을 보호하고 안내할 사회적 장치가 부족하거나 부적절하다는 사실을 분명히 보여 준다.

부모들은 자녀에게 "미리 계획을 세우고 행동하라"고 조언한다. 그러나 청소년들은 예측할 수 없는 미래 앞에서 "어떻게 계획을 세울 수 있느냐"고 되묻는다. 부모들은 "실패는 성공의 어머니"라고 격려하지만, 청소년들은 실패 후 다시 일어설 자신감도, 다시 도전할 기회도 없다고 느낀다. "다양한 가능성을 생각해 보라"는 조언도, 입시 공부 외에는 경험해 본 것이 거의 없는 청소년들에게는 막연하기만 하다.

이러한 답답함은 『데미안』의 싱클레어도 겪었다. 그는 자신이 진정 원하는 것이 무엇인지, 어떻게 살아야 하는지를 스스로 묻고 또 물었지만, 아무것도 이룰 수 없는 현실을 한탄하며 이렇게 말한다.

> "나는 내 속에서 스스로 솟아나는 것, 바로 그것을 살아 보려 했다. 그것이 왜 그토록 어려웠을까?"
>
> - 헤르만 헤세, 『데미안』 129쪽

지금의 청소년들 역시 '자기 안에서 솟아나는 것'을 살아볼 기회조차 허락되지 않는 현실 속에 놓여 있는 것은 아닐까? 그들이 아버지의 세계를 떠나 금지된 세계로 향하는 이유는 단순한 반항심 때문이 아니라 아버지의 세계를 더 이상 신뢰할 수 없기 때문인지도 모른다. 아버지의 세계가 불안을 해소해 주지 못하고 오히려 불안을 증폭시킨다면, 다른 세계로 눈을 돌리는 것은 어쩌면 자연스러운 선택일 것이다. 불안을 함께 나눌 수 있는 친구들이 있는 세계, 비록 평화와 질서, 안정이 보장되지는 않더라도 의무와 책임, 죄책감에서 잠시나마 벗어날 수 있는 공간, 아버지의 기준이 아닌 자신들만의 기준을 만들어 갈 수 있는 세계. 청소년들이 그런 세계를 찾아 떠나는 것은 어쩌면 너무도 당연한 일이다.

사람들이 집단을 이루면 그 안에서 힘이 발생한다. 과거의 청소년들은 그 힘을 바탕으로 부모와 기성세대에 반항했다. 그러나 오늘날의 청소년들은 반항의 단계를 넘어 분노의 상태에 이르렀다. 그 분노는 불확실한 미래에 대한 두려움, 감춰진 진실에 대한 실망, 자신들을 벼랑 끝으로 몰아넣었다고 느끼는 기성세대에 대한 감정이 뒤섞인 결과다.

사춘기 청소년들의 과격한 행동과 폭력성은 오랫동안 축적된 분노가 분출된 결과다. 또한 이들의 분노는 어른의 권위에 맞서는 반항을 넘어 기성세대가 남겨 놓은 불확실성과 불안에 대한 절박한 외침에 가깝다.

에리히 프롬은 "개인 안에서 발견되는 파괴성의 양은 삶의 확장성이 축소되는 양에 비례한다"[28]고 말한다. 여기서 삶의 '확장성의 축소'란 감각적·감정적·지적 능력의 성장과 표현의 자발성이 억제되는, 삶 전체가 경험하는 좌절을 의미한다. 학교와 학원에서 반복되는 일상, 전쟁에 비견될 만큼 치열한 입시 경쟁 속에서 청소년들은 삶을 확장시킬 여지조차 허락되지 않는 구조 안에 갇혀 있다. 공부를 통해 대학에 진학하는 것 외에는 다른 가능성을 상상하기조차 어려운 현실에서, 그들의 폭력성과 파괴성이 줄어들기를 기대하는 것은 오히려 모순이 아

28　에리히 프롬, 『자유로부터의 도피』 192쪽

닐까.

이런 맥락에서 종종 뉴스에 등장하는 소위 '밀가루 졸업식', '폭력 졸업식', '알몸 졸업식'이라 불리는 행동들은 단순히 철없는 학생들의 일탈로만 볼 수 없다. 그것은 억압된 현실에 대한 저항이자, 삶의 확장 가능성을 박탈당한 이들이 사회에 보내는 일종의 신호다. 만약 그들의 행동이 점점 더 과격해지고 있다면, 그것은 곧 그들의 삶이 점점 더 축소되고 있으며 내면의 분노가 임계점에 가까워지고 있다는 징후로 읽어야 한다. 반항에는 뚜렷한 이유가 없을 수 있으나, 분노에는 반드시 그 뿌리가 되는 이유가 존재한다.

오히려 우리가 진정으로 경계해야 할 것은 아무런 문제도 일으키지 않는 '조용한 아이들'일지도 모른다. 어떠한 신호조차 보내지 못할 만큼 깊은 절망의 심연에 빠져 아무것도 하지 못하는 상태일 수 있기 때문이다.

정신분석학자 도널드 위니캇(Donald Winnicott)은 청소년기의 반사회적 행동을 "강하고 사랑이 있으며 신뢰할 수 있는 사람들에 의해 통제받기를 바라는 일종의 조난신호(S.O.S)"[29]라고 설명한다. 이는 청소년들이 표출하는 날 선 공격성이 결코 타인을 향한 파괴적 본능 그 자체가 아니라 자기 내부의 걷잡을 수 없는 불안과 고립감을 누군가 멈춰 세워주길 바라는 절박한 구조 요청이라는 의미다. 만약 이 조난신호를 사회가 제때 알아차리고 응답할 수 있다면, 청소년들은 싱클레어의 고백

---

29 도널드 위니캇, 『박탈과 비행』 이재훈·고경애·고승자 옮김, 한국심리치료연구소, 2001, 65쪽

처럼 "친절한 손길 하나가 나를 구해 주자마자, 나는 한눈팔지 않고 곧장 어머니의 품으로, 경건하고 아늑한 어린 시절의 보호 속으로"[30] 돌아갈 수 있을 것이다.

청소년들이 부모로부터 심리적으로 독립해 자신만의 정체성을 확립해 가는 과정에서도, 부모의 가치와 기준은 여전히 그들의 내면에 깊이 각인되어 있다. 그리하여 청소년기는 부모가 갈등을 어떻게 조율하고, 사회 속에서 대인관계를 어떻게 형성하는지를 가까이에서 관찰하고 학습할 수 있는 결정적인 시기다. 이 시기에 청소년들은 부모로부터 습득한 관계 맺기 방식과 문제 해결 전략을 또래 관계 속에서 시험하고 실천하며 자기만의 정체성을 세워 나간다.

그러나 오늘날의 "참으로 서글픈 현실은 아이들이 어른을 길잡이로, 역할 모델로, 자기 말을 들어주고 이해해 줄 사람으로 간절히 바라고 있음에도 불구하고 '집'에 사람이 없다는 것이다."[31] 다시 말해, 청소년들이 정서적 지지와 관계의 본보기를 제공받아야 할 시기에, 삶의 방향을 함께 고민해 주고 버텨 줄 어른이 부재한 현실에 놓여 있다는 것이다.

인간의 내면에는 『지킬 박사와 하이드』에 등장하는 인물들처럼 서로 다른 두 자아가 공존한다. 하나는 하이드처럼 자기중심적이고 충동적인 어린 자아이고, 다른 하나는 지킬 박사처럼 타인을 배려하고 상황

---

30   헤르만 헤세, 『데미안』 64쪽
31   샌디 호치키스, 『나르시시즘의 심리학』 241쪽

에 공감할 줄 아는 성숙한 자아다. 이 두 자아는 고정되어 있지 않고, 상황에 따라 교차하며 드러난다. 학교나 직장에서는 성숙한 자아가 전면에 나서고, 집으로 돌아와 '자기만의 방'에 들어서는 순간 가면을 벗듯 어린 자아로 돌아간다. 만약 하루 종일 성숙한 자아로만 살아가야 한다면, 억눌린 긴장과 책임감이 해소되지 못한 채 누적되어 우울이나 신경성 질환에 시달릴지도 모른다. 사회생활에서 쌓인 스트레스를 어릴 적 친구들과 다소 유치하게 놀며 풀어내는 이유 역시, 우리 안에 있는 어린 자아의 회복과 균형이 필요하기 때문이다.

하지만 이 두 자아의 균형이 깨지는 순간 다양한 문제가 발생한다. 성숙한 자아가 지나치게 지배하면 과도한 책임감과 자기 통제로 인해 우울이나 신경쇠약에 빠지기 쉽고, 반대로 어린 자아가 앞서게 되면 충동적이고 무책임한 행동으로 사회적 갈등이나 관계의 어려움을 겪게 된다.

결국 어른이 된다는 것은 어느 한쪽을 제거하는 일이 아니라 이 두 자아가 만들어 내는 긴장 속에서 상황에 맞게 조율하는 능력을 기르는 일이다. 진짜 성숙은 언제나 이 균형 감각 위에 놓여 있다.

앞서 여러 차례 언급했듯이, 사춘기의 가장 큰 특징 중 하나는 성숙한 자아와 어린 자아가 아직 상황에 맞게 조화를 이루지 못한다는 점이다. 특별한 자극이 없는데도 갑자기 어린 자아가 튀어나와 불같이 화를 내거나, 펑펑 울거나, 때로는 이유 없이 깔깔대며 웃는다. 그러다가도 아무 일도 없었던 것처럼 성숙한 자아로 돌아가 평온한 얼굴로 일상을 이어 간다. 성숙한 자아와 어린 자아 사이를 수시로 오가는 이 시기, 그 불안정함 자체가 바로 청소년기의 본질이라 할 수 있다.

진정 우려스러운 지점은 아이들이 성숙한 자아로 복귀하길 거부하는 것이 아니라 돌아가야 할 '이유' 자체가 소멸해 버리는 현실에 있다. 시험을 망쳤을 때, 사랑이 끝났을 때, 친구들로부터 따돌림을 당하거나, 아무것도 하고 싶지 않을 만큼 무기력할 때, 사회와 부모가 "너의 노력이 부족했다"는 냉혹한 판결만을 내린다면 어린 자아는 성숙한 세계로 회귀할 동기를 상실한다. 하이드는 지킬이 약해질 때 강해진다. 이 단순한 사실을 우리는 자주 잊는다.

따라서 사회가 청소년들이 성숙한 성인으로 성장하기를 바란다면, 청소년들이 다시 성숙한 자아로 돌아올 수 있는 이유를 제공해야 한다. 힘들 때 이해받고 있다는 안도감, 실패해도 재도전의 기회가 주어진다는 신뢰 그리고 스스로를 탐색할 수 있는 여유와 기회를 사회가 마련해야 한다. 그러나 입시 경쟁의 소용돌이에 청소년들을 몰아넣고, 그들을 스펙으로 포장된 설명서처럼 취급하며, 승자독식을 위해 타인의 고통을 외면하라고 가르친다면, 그들은 더 이상 성숙한 자아로 돌아올 필요를 느끼지 못할 것이다.

반대로 사회가 이들에게 인간적인 이해와 공감의 공간을 허용하고, 실패와 혼란을 통과할 수 있도록 곁에서 길잡이 역할을 해 준다면, 청소년들은 결국 질풍노도의 시기를 지나 스스로의 알을 깨고 나올 것이다. 단단한 껍질을 벗은 새처럼, 더 넓은 세상과 더 깊은 자아를 향해 날아오를 것이다.

"새는 알에서 나오려고 투쟁한다. 알은 세계다. 태어나려는 자는 한 세계를 깨뜨려야 한다. 새는 신에게 날아간다. 신의 이름은 아브락사스다."

- 헤르만 헤세, 『데미안』, 123쪽

타자는 천사인가, 악마인가

····

우리의 삶은 수많은 관계의 그물망 속에서 이루어진다. 어머니로부터 시작해 아버지, 형제자매, 친척, 선생님, 친구, 연인, 선후배, 이웃에 이르기까지 우리는 다양한 타자들과 관계를 맺으며 살아간다. 이들은 모두 나를 둘러싼 타자들이다. 가정에는 가훈이 있고, 학교에는 교훈이 있으며, 사회에는 규범과 법이 존재한다. 친구들 사이의 약속이나 서로 간에 정한 규칙 또한 하나의 기준이 된다. 우리는 이러한 규율과 기준들을 내면화하며 살아간다. 이러한 규율과 기준들 역시 타자의 형태로 내 삶에 자리 잡는다. 뿐만 아니라, 어릴 적부터 간직해 온 꿈, 어떤 상황에서도 꺾이지 않는 신념, 연인과의 사랑, 동료들과의 연대, 사회 변화를 향한 이념과 열망 역시 나의 일부처럼 느껴지지만, 사실은 내 안에 자리한 또 다른 타자들이다.

우리는 이처럼 다양한 타자들을 내면에 품고 살아간다. 이 타자들이 차곡차곡 내 안에 쌓여, 지금의 나라는 존재를 이루어 낸다. 그렇다면 이 모든 타자들을 내 안에서 지워 낸다면, 과연 무엇이 남을까? 아무것도 없는, 텅 빈 '나'만이 남을 것이다. 나라고 믿었던 것들이 사라진 자리에 남는 것은 실체 없는 그림자, 혹은 어둡고 비어 있는 방 하나뿐일지도 모른다.

나는 누구인가? 나는 타자다. 아니, 우리 모두는 타자다. '나는 나다'라고 말하고 싶지만, 내 안에는 이미 수많은 타자들이 자리하고 있다. 어머니의 목소리, 아버지의 눈빛, 사회의 규율, 타인의 기대와 시선, 내가 사랑했던 사람들과 내가 닮고 싶었던 이들까지. 나는 그들을 내면에 품은 채 살아간다. 그렇기에 타자가 없는 방은 텅 비어 있다. 의미도, 온기도, 말도 없다. 우리는 그 공허를 견디지 못하기에 타자들로 가득 찬 방 안에 머무르려 한다. 그곳은 익숙하고, 따뜻하며, 때로는 안온하다. 그러나 진정한 '나'는 그 방 너머, 텅 빈 검은 방 안에 숨어 있다. 두렵고 외롭더라도 우리는 그 방으로 걸어 들어가야 한다. 조심스럽고 고요하게 나를 찾아가야 한다. 아무것도 남지 않은 그곳에서, 비로소 나는 나 자신과 마주하게 된다.

내 안에서 솟아나는 것, 즉 내가 진정으로 하고 싶은 일을 찾기 어려운 이유는 정작 '내가 무엇을 원하는지'를 나 자신도 잘 모르기 때문이다. 부모가 원하는 것, 선생님이 바라는 것, 친구가 기대하는 것, 연인이 좋아하는 것, 사회가 요구하는 바는 대체로 파악할 수 있지만, 그것을 곧바로 내가 원하는 것이라고 말하기는 어렵다.

또 다른 이유는 선택할 수 있는 것이 지나치게 많다는 데 있다. 사라지는 직업만큼 새로 생겨나는 직업도 많고, 먹고 싶은 음식, 보고 싶은 영화, 사고 싶은 물건, 시도해 볼 만한 취미까지 우리를 둘러싼 선택지는 넘쳐 난다. 선택지가 늘어날수록 오히려 결정을 미루거나 회피하는 사람도 많아진다. 그래서 우리는 종종 "아무거나 좋아"라고 말하며 선택을 유보하지만, 막상 선택한 것을 하려 하면 마음 한구석이 개운치 않다. 그것이 내가 진심으로 원한 것이 아님을 어렴풋이 알고 있기 때문이다.

우리는 성장 과정에서 어머니와의 동일시를 통해 어머니의 욕망을 자연스럽게 내면화하고, 언어를 배우면서 사회의 규범과 질서, 즉 '아버지의 이름'을 내면화해 왔다. 그렇게 우리는 '인정받기 위한 존재'로 살아오며, 타인의 욕망과 기대를 나의 욕망으로 오인해 왔다. 어머니의 욕망, 아버지의 인정, 사회의 규범 속에서 우리는 무엇을 진정으로 원하는지 스스로에게 묻지 않은 채, 타인의 기대에 부응하기 위해 애써 살아왔다.

정신분석학자 자크 라캉은 인간의 욕망이 본질적으로 '타자의 욕망'이라고 주장했다. 우리는 타인이 무엇을 욕망하는지를 지켜보며, 그것을 자기 자신의 욕망인 것처럼 내면화한다는 것이다. 이 과정 속에서 욕망의 주체는 점점 타자가 되고, 우리는 자신이 진정으로 무엇을 원하는지 스스로에게 묻지 않게 된다. 이러한 상태를 프리드리히 니체는 『차라투스트라는 이렇게 말했다』에서 '낙타의 단계'라고 설명했다. 우리가 무엇을 원하는지, 왜 그것을 원하는지 스스로에게 묻지 않은 채 살아간다면, 우리는 무거운 짐을 지고 묵묵히 사막을 건너는 낙타와 다르지 않다는 것이다. 따라서 낙타의 단계에서 벗어나기 위해서는, 내가 지금 짊어지고 가는 짐은 무엇인지, 그리고 왜 나는 이 짐을 지고 가고 있는지를 스스로에게 물어야 한다.

이러한 질문을 처음으로 던지는 시기가 바로 사춘기다. 사춘기에 시작된 자기 정체성의 탐구는 그 양상과 깊이는 다를지라도, 어쩌면 일생을 두고 풀어 가야 할 과업일지 모른다. 사춘기가 유독 고통스러운 까닭은, 지금까지 자기를 지탱해 준 내 안의 기준들이 실은 타자들이 심어 둔 기준들이었다는 진실을 처음으로 목도하기 때문이다. 타자들로부터 받은 화려한 장식들을 모두 걷어 낸 뒤 마주한 텅 빈 자신의 민낯은 너무 낯설고 빈약해 보인다. 사춘기 청소년들이 자기 방 밖으로 나오지 않으려 하는 이유 역시, 어쩌면 그 초라하게 느껴지는 자신의 모습을 타인에게 보이기 두렵기 때문일 것이다.

특색 없이 검기만 한 그림자처럼 보잘것없어 보이는 자신의 빈 공간을 인정하는 일은 결코 쉽지 않다. 그러나 진정한 자아 탐구는 바로 이 보잘것없고 개성 없어 보이는 그림자를 마주하는 데서부터 시작된다. 만약 아델베르트 폰 샤미소의 『그림자를 판 사나이』에 등장하는 페터 슐레밀처럼, 그 그림자를 악마에게 팔아 황금이 쏟아지는 마술 주머니를 얻는다면, 우리 역시 평생을 잃어버린 그림자를 찾아 방황하게 될지도 모른다. 슐레밀은 그림자 따위는 얼마든지 팔아도 괜찮다고 생각했지만, 결국 황금으로는 자신이 진정으로 원하는 것을 얻을 수 없었다. 그는 고통스러운 방랑 끝에 비로소 깨달았다. 자신이 팔아 버린 그 그림자가 바로 사람을 사람답게, 나를 나로 존재하게 만드는 가장 근본적인 증거였다는 사실을.

"친구여, 자네가 만약 사람들 가운데 살고 싶다면, 부디 무엇보다도 그림자를 중시하고 그다음에 돈을 중시하게나."

– 아델베르트 폰 샤미소, 『그림자를 판 사나이』 최문규 옮김, 열림원, 2020, 138쪽

참조.

그림자보다 황금을 더 탐할지도 모르는 우리에게, 슐레밀의 이 말은 깊은 울림을 주는 경고이자 성찰의 요청이다. 그러나 슐레밀의 충고가 무색하게도 우리는 여전히 그림자보다는 황금, 즉 돈·권위·외모·학력·명예 같은 것들을 좇으며 살아간다. 사람들 사이에서 나를 나답게 만들어 주는 것은 그림자임에도 불구하고, 정작 타인에게 보여 주고 싶은 나의 모습은 그림자가 아니라 황금이기 때문이다.

설령 그것이 진정한 자아를 가려 버린 얇은 외피에 불과하더라도, 우리는 그 외피 없이 드러나는 민낯을 타인에게 보이는 일을 두려워한다. 자신의 내밀한 핵심, 즉 초라하고 불완전한 내면을 마주하고 싶지 않기에, 우리는 끊임없이 더 화려한 껍데기에 집착하는지도 모른다.

우리는 점점 가면을 쓰고 살아가는 일상에 익숙해져, 이제는 집 안에서조차 그 가면을 벗지 못한다. 페이스북이나 인스타그램에는 수백, 수천 명의 친구가 연결되어 있지만, 정작 현실에서는 혼자 밥을 먹으며 느끼는 외로움을 감추고 싶어 한다. 그래서 '혼밥'조차도 우아하고 근사한 장면으로 연출해 사진을 찍고 SNS에 올린 뒤, 타인의 '좋아요'를 기다린다. 어느새 우리의 자존감은 '좋아요'의 개수로 가늠된다. 내가 무엇을 했는지, 왜 했는지보다 얼마나 많은 사람들이 반응해 주었는지가 그 행위의 가치를 결정한다. 기쁜 일을 공유했는데 반응이 적

으면 마음이 가라앉고, 슬픈 이야기를 올렸는데 반응이 넘치면 오히려 위안을 느낀다. 이제는 내 감정마저도 타인의 평가와 인증을 통해서만 의미를 얻는 시대가 되었다. 결국, 내가 나 자신을 바라보는 시선보다 타자가 나를 바라보는 시선에 훨씬 더 민감해진 것이다.

그렇다면 과연, 우리 내면 깊은 곳에 오랜 세월 쌓여 온 수많은 타자들을 모조리 비워 내는 일은 가능한 것일까? 우리는 정말로 순수한 나 자신과 마주할 수 있을까? 이 질문은 쉽게 답할 수 없는 채로, 지금도 우리 안에 오래 남아 있다.

솔로몬 애쉬(Solomon Asch)의 동조 실험은 타인의 시선에서 벗어나는 일이 얼마나 어려운지를 잘 보여 준다. 이 실험에서 참가자는 왼쪽에 제시된 선분과 같은 길이의 선분을, 오른쪽에 있는 세 개의 선분 중에서 고르는 간단한 과제를 받는다. 세 선분의 길이는 명백히 달랐기 때문에 정답을 찾는 일 자체는 어렵지 않았다. 그러나 실제 참가자 한 명을 제외한 나머지 참가자들은 모두 사전에 연습한 대로 틀린 답을 선택한다. 실험 참가자가 자신의 차례에 답을 말하려는 순간, 다른 참가자들은 일제히 그를 바라보며 침묵의 압박을 가한다. 이 상황에서 참가자의 약 75%가 적어도 한 번 이상 명백히 틀린 답을 선택했다. 다시 말해, 타인의 시선과 집단의 판단이라는 압력 앞에서, 자신이 분명히 알고 있던 정답마저 포기한 것이다.

스탠리 밀그램(Stanley Milgram)의 복종 실험 역시 유사한 맥락을 보여 준다. 이 실험에서는 두 사람에게 각각 학생과 교사의 역할이 주어지고, 학생이 질문에 틀릴 때마다 교사가 전기충격을 가하는 방식으로 진행된다. 학생 역할은 실제로는 연기자였고, 전기충격을 받는 것처럼 연출되었다. 그 결과, 교사 역할을 맡은 40명의 참가자 중 26명, 즉 65%가 연구자의 지시에 따라 가장 높은 전압인 450V까지 전기충격을 가했다. 300V 이하에서 실험을 중단한 사람은 단 한 명도 없었다. 이는 곧 타자의 권위가 개인의 도덕적·윤리적 판단을 압도할 수 있음을 보여 준다.

이 두 실험은 우리가 타자의 시선과 권위에 얼마나 취약한 존재인지를 극명하게 드러낸다. 우리는 무의식적으로 타인의 기대와 기준을 내면화하며 살아가기 때문에, 타자로부터 완전히 독립된 자아를 유지하는 일은 결코 쉽지 않다. 애쉬의 실험은 집단의 시선 앞에서 개인의 판단이 얼마나 쉽게 흔들리는지를 보여 주고, 밀그램의 실험은 권위에 대한 복종이 얼마나 강력하게 작동하는지를 증명한다. 이러한 결과는 타자의 영향력에서 벗어나 자기 판단을 지켜 내는 일이 얼마나 의식적이고 고된 노력을 요구하는 과제인지를 분명히 시사한다.

내가 지금 글을 쓰기 위해 앉아 있는 의자, 책상, 노트북은 각각의 목적과 용도에 따라 만들어진 고정된 본질을 지니고 있으며, 그 기능을 다하면 폐기된다. 그러나 인간의 실존은 결코 이와 같지 않다. 우리는 어제의 나와 오늘의 내가 다르고, 내일은 또 어떤 존재가 될지 스스로도 알 수 없다. 바로 이 점에서 장 폴 사르트르(Jean-Paul Sartre)는 "인간의 실존은 본질에 앞선다"고 말했다. 인간은 미리 규정된 목적을 품고 태어나는 것이 아니라 먼저 이 세계에 던져진 뒤 스스로 자신의 본질을 발명해 나가는 존재라는 뜻이다.

만약 인간이 특정한 이념이나 '역사적 사명'을 띠고 태어난다고 가정해 보자. 그렇다면 그 사명을 다하지 못한 사람은 기능을 상실한 물건처럼 폐기될 수 있다는 위험한 논리가 성립된다. 따라서 특정한 본질이나 목적을 인간에게 강요하는 일은, 인간이 삶 속에서 스스로를 형성해 갈 자유와 가능성을 근본적으로 부정하는 행위가 된다. 인간은 고정된 본질을 지닌 채 태어나지 않는다. 인간은 선택과 행동을 통해 자신만의 본질을 만들어 간다. 이는 곧 인간이 철저히 자유롭지만, 동시에 그 자유에 대한 전적인 책임을 떠안은 존재임을 의미한다.

이처럼 스스로 존재의 이유를 스스로 창조해 간다는 점에서 인간은 자유로운 존재다. 그러나 이 자유는 타인과의 만남 속에서 필연적으로 제약을 받는다. 우리는 타인의 시선에서 완전히 벗어날 수 없으며, 타인의 기대와 평가 속에 자신을 가두기도 한다. 그래서 사르트르는 이 관계의 긴장을 두고 "타인은 지옥이다"라고 표현했다.

진정한 자유를 향해 나아가기 위해서는 타인의 시선과 욕망, 권위가 만들어 놓은 틀을 인식하고, 그 틀과 거리를 두려는 노력이 필요하다. 하지만 벗어났다고 생각한 순간에도, 우리는 다시 새로운 타자와 마주한다. 새로운 틀은 또 다른 모습으로 우리를 둘러싼다. 그렇게 타인은 끊임없이 되돌아오며, 자유로운 존재가 되고자 애쓰는 우리 앞에 때로는 지옥처럼 모습을 드러낸다. 자유는 한 번의 탈출로 얻어지는 순간의 상태가 아니라 타자와의 관계 속에서 끊임없이 긴장하고 성찰하며 다시 선택해야 하는 과정인 것이다.

20대 초반, 본당 신부님의 소개로 부산의 산동네에 있는 공부방에서 초등학생 아이들을 가르치게 되었다. 10평 남짓한 작은 공부방은 아이들이 공부하는 큰 방, 교사실로 사용하는 작은 방 그리고 한 명이 겨우 들어갈 수 있는 부엌으로 이루어져 있었다. 그 비좁은 부엌에서는 매일 놀라울 만큼 정성스러운 저녁 만찬이 준비되었다.

공부방에는 십여 명의 아이들이 방과 후에 모여 시간을 보냈다. 처음에는 아이들을 만나 무언가를 가르칠 수 있다는 사실만으로도 충분히 즐거웠다. 그러나 한 달쯤 지나자 아이들 한 명 한 명이 눈에 들어오기 시작했고, 아이들이 '이모', '삼촌'이라 부르던 활동가들을 통해 그들의 삶에 얽힌 이야기들을 듣게 되었다. 부모 중 한 명이 알코올 중독에 빠져 있거나 집을 나가 돌아오지 않은 가정도 있었고, 부모 없이 할머니가 홀로 아이를 돌보는 집도 있었다. 가장 충격적이었던 것은 공부방이 끝난 뒤에도 집에 돌아가길 꺼리는 아이들이 있다는 사실이었다. 그 이유가 부모로부터의 폭행 때문이라는 이야기를 들었을 때, 몸이 그대로 굳어 버리는 듯한 무력감이 밀려왔다.

아이들의 상처와 아픔을 알게 될수록, 정작 내가 해 줄 수 있는 것이 거의 없다는 사실은 더 깊은 답답함으로 다가왔다. 이 답답함의 정체를 알고 싶었고, 사회가 왜 이런 구조를 만들어 내는지 이해하고 싶어 처음으로 사회과학 서적을 찾아 읽기 시작했다. 교과서와 시험공부 외에는 거의 책을 읽지 않던 내가, 처음으로 사회를 향해 시선을 돌리게 된 순간이었다. 그렇게 공부방에서의 만남은 나를 전혀 다른 사람으로 다시 태어나게 했다.

이 경험은 내 인생의 돌이킬 수 없는 전환점이 되었다. 공부방에서 아이들을 가르치는 일은 단순한 봉사 활동이 아니었다. 그것은 나 자신을 성찰하게 했고, 사회의 구조적 문제를 외면할 수 없게 만들었다. 아이들의 삶을 통해 나는 사회적 불평등과 구조적 모순을 몸으로 목격했고, 그 이후로 다시는 이전의 나로 돌아갈 수 없었다. 이 강렬한 만남은 나를 새로운 주체로 탄생시켰고, 삶의 방향 자체를 바꾸어 놓았다.

라캉은 "주체는 다시 태어날 수 있어야만 한다"고 역설했다. 이는 타인의 욕망에서 벗어나 진정한 자기 자신으로 새롭게 주체화될 수 있어야 한다는 뜻이다. 그러나 주체는 혼자서는 다시 태어날 수 없다. 우리가 처음 태어날 때 어머니의 도움이 필요했던 것처럼, 다시 태어나는 과정에서도 타자의 존재는 필수적이다. 이때 나와 타자의 만남은 일시적인 접촉이나 스침이 아니라 삶의 이전과 이후를 단절시킬 만큼 강력한 사건이어야 한다. 라깡이 말한 '다시 태어남'이란 바로 이러한 결정적 만남을 통해 이루어진다.

내게 있어 부산 산동네의 공부방에서 아이들과 나눈 만남이 바로 그런 결정적 사건이었다. 그 만남을 통해 나는 전혀 다른 주체로 전환되었다. 공부방에서의 경험은 내가 이전까지 중요하게 여겼던 가치와 기준을 근본부터 뒤흔들었다. 아이들의 삶을 통해 목격한 사회적 모순과 불평등은 나로 하여금 기존의 기준을 내려놓고, 스스로 새로운 가치와 기준을 세우도록 이끌었다. 나는 더 이상 주어진 기준에 따라 살지 않고 나만의 기준으로 삶을 다시 선택하며 살아가기 시작했다.

이처럼 타자와의 만남을 통해 발생하는 강렬한 사건은 우리를 끊임없이 새로운 주체로 다시 태어나게 한다. 우리는 진정한 만남을 통해 자신도 미처 알지 못했던 내면을 마주하고, 변화와 성장을 겪으며 새로운 자아로 이행한다. 이는 타인의 욕망에 휘둘리지 않고, 진정으로 나 자신의 욕망과 존재를 찾아가기 위한 필수적인 과정이다. 이런 의미에서 타자는 우리를 다른 삶의 궤도로 이끌어, 새로운 탄생을 가능하게 하는 매개자와 같은 존재일 수 있다.

밀그램의 복종 실험에는 기본 실험 외에도 다양한 변형 실험이 존재했다. 이들 실험은 조건에 따라 복종의 정도가 어떻게 달라지는지를 분명하게 보여 준다. 예를 들어, 교수처럼 보이는 권위자가 실험 참가자 곁에 직접 서 있을 경우 복종률은 약 90%에 달했다. 반면 전화로 지시했을 경우 복종률은 22%로 급격히 낮아졌고, 녹음된 지시를 들려준 경우에는 12%로 가장 낮았다. 또한 실험자가 '학생' 역할의 인물과 같은 방에 있거나, 실험 전에 신체적 접촉이 있었던 조건에서는 참가자들이 레버를 누르지 않고 실험을 거부한 비율이 현저히 높아졌다.

이러한 결과들은 인간이 얼마나 쉽게 타자의 존재와 맥락에 영향을 받는 존재인지를 분명히 보여 준다. 인간은 근본적으로 '타자와의 관계 속에서' 존재하며, 타자의 시선, 권위, 물리적 거리, 정서적 친밀감과 같은 요소들은 우리의 판단과 행동에 결정적인 영향을 미친다. 그렇기에 우리는 단순히 "인간은 타자의 영향을 받는다"는 사실에 머무를 것이 아니라 "나는 어떤 타자에게, 어떤 방식으로, 어떤 지점에서 영향을 받고 있는가"라는 질문을 던질 수 있어야 한다.

타인에게 영향을 받는다는 사실 자체가 문제인 것은 아니다. 진짜 중요한 것은 그 영향을 자각한 뒤, 그것을 주체적으로 받아들일 것인지, 거부할 것인지, 혹은 조율해 낼 것인지를 선택하는 태도다. 나와 타자, 두 의식이 끊임없이 영향을 주고받으며 살아가는 이 관계 속에서, 우리는 어떻게 균형을 이루며 살아갈 수 있을까? 이제 그 방법에 대해 생각해 보자.

타자와 거리 유지

....

가족은 인정 투쟁의 출발점이다. 우리는 부모, 형제, 친척에게 인정받으며, 혹은 그 인정을 얻기 위해 애쓰는 과정 속에서 가족과 사회가 요구하는 질서와 기준을 자연스럽게 내면화한다. 가족의 질서와 기대라는 무거운 짐을 묵묵히 지고 가는 낙타 같은 존재로 살아가다 보면, 문득 한 가지 의문이 떠오른다. "나는 왜 이 짐을 지고 가고 있는가?" 아직 이런 의문조차 떠오르지 않았다면, 우리는 여전히 낙타의 상태에 머물러 있는지도 모른다.

그러나 기준에 대한 질문은 언제나 가능한 것이 아니다. 기준이 지나치게 강고하고 폐쇄적인 경우, 우리는 질문할 틈조차 갖지 못한다. 가령 아버지가 기상 시간부터 귀가 시간까지 모든 일정을 통제하거나, 국가가 시민의 일상에까지 촘촘한 감시를 들이밀 때, 우리는 그 기준이 옳은지 의심해 볼 여유도 없이 복종하게 된다. 반대로 부모가 "나는 자녀를 자유롭게 키운다"는 이유로 아무런 제재도 하지 않거나, 국가가 통제력을 잃고 질서가 무너질 경우에는 기준 자체가 부재한다. 이 때 우리는 무엇을 질문해야 할지조차 알 수 없게 된다.

전자의 경우 질문은 권위라는 육중한 두께에 짓눌려 사라지고, 후자의 경우 질문은 딛고 일어설 최소한의 지지대를 잃은 채 허공으로 흩어진다.

영화 《매트릭스》에서 주인공 네오는 컴퓨터 모니터에 점멸하는 의문의 메시지에 이끌려, 금기된 호기심의 상징인 토끼 문신을 한 여인을 따라 낯선 클럽으로 향한다. 그곳에서 운명처럼 마주한 트리니티는 네오의 가슴에 깊이 새겨질 한 마디를 던진다.

"우리를 움직이는 건 질문이지. 그게 널 여기까지 오게 만든 거야."

질문은 우리를 움직이게 한다. 우리가 지금 머무는 익숙한 자리를 떠나, 전혀 다른 장소와 만남으로 향하게 만든다. 지금 이 순간, 우리가 서 있는 이 자리까지 도달하게 만든 질문은 과연 무엇이었을까? 그리고 앞으로 우리를 다시 움직이게 할, 또 다른 자리로 이끌 질문은 무엇일까?

"평화로운 성장은 없다"는 안나 프로이트(Anna Freud)의 말처럼, 두 세계와 두 자아 사이에서 갈등하는 사춘기 청소년이 아버지와 사회의 질서, 그리고 그 기준에 의문을 품고 반항하는 것은 너무도 자연스럽다. 그들의 반항은 단순한 일탈이 아니다. 그것은 질문하지 못한 채 짐을 지던 낙타의 상태에서 벗어나, "짐을 지더라도 그것은 내 짐이어야 한다"고 외치는 사자의 몸부림이다. "기존의 가치, 기존의 관습, 기존의 규범, 기존의 관계를 파괴할 수 있는 부정의 힘"[32]이 작동하기 시작하는 순간, 바로 그때가 사춘기의 시작이다.

디즈니 영화 《라이온 킹》에서 어린 사자 심바는 삼촌 스카의 음모로 아버지 무파사를 잃고, 집을 떠나 낯선 세계로 나아간다. 이는 아버지의 집, 곧 보호받는 대신 타자의 규율을 따라야 하는 세계를 벗어나 낯선 세상을 향해 나아가는 우리의 이야기이기도 하다. 니체는 이러한 순간을 두고 "스스로 정의하고 스스로 가치를 정립하려는 힘과 의지가 만드는 이 최초의 폭발, 자유의지를 향한 의지. 이것이 사자의 단계"[33]라 불렀다. 누구의 명령도 따르지 않고, 스스로 자신에게 명령할 수 있을 때 비로소 우리는 아버지의 집을 떠날 수 있다.

아버지의 집을 떠났다고 해서 짐이 사라지는 것은 아니다. 다만 이제부터는 타인이 지워 준 짐이 아닌 "스스로 질 수 있는 짐을 만들어 내는 것"[34]이 이 여행의 목적이 된다. 그 여정은 의존적인 존재에서 의지를 가진 존재로, "나는 나다"라고 말할 수 있는 독립된 주체가 되기 위한 과정이다. 청소년기의 반항은 이 여정의 출발점이며, 새로운 존재로 거듭나기 위한 필연적인 통과의례다. 낯선 세상은 평화와 안정을 보장하지 않지만, 우리에게 이전에는 알지 못했던 새로운 '나'를 발견할 기회를 제공한다.

익숙함은 우리를 잠자는 의식에 머무르게 한다. 우리는 아침에 침대

---

32   이진우, 『니체의 인생 강의』 134쪽
33   이진우, 같은 책, 134쪽
34   이진우, 같은 책, 138쪽

에서 일어나 화장실로 가는 일련의 행동을 거의 무의식적으로 수행한다. 이 과정을 하나하나 의식하며 생각하는 사람은 없다. 그런데 만약 침대에서 일어나 문을 여는 순간, 문이 잠겨 있다면 어떨까? 우리는 "어, 왜 문이 안 열리지?"라고 말하며 비로소 익숙함에서 깨어난다. 낯섦이 우리를 깨운다. 이처럼 낯선 타자들은 우리 안의 '자동 조종'을 멈추게 하고, 우리를 새로운 '나'로 깨어나게 만든다.

자기를 찾는 여행을 떠나는 이유 역시 결국 나를 깨워 줄 낯선 타자들을 만나기 위해서일지 모른다. 그들과의 만남을 통해 우리는 기존에 알고 있던 '나'의 모습을 넘어, 이전에는 상상하지 못했던 새로운 '나'를 발견한다. 자기 확인은 바로 이 지점에서 비로소 가능해진다. 그러나 모든 타자가 나를 깨우는 것은 아니다. 때로는 낯선 타자의 매혹이나 공포에 휘말려 오히려 나 자신을 잃어버릴 수도 있다. 그렇기에 낯선 세계와 타자와의 만남은 언제나 위험을 동반한다. 그럼에도 불구하고 그것은 진정한 '나'로 향하는 길 위에 놓인, 피할 수 없는 관문이다.

아름다운 노랫소리로 뱃사람을 유혹해 배를 난파시키는 사이렌처럼, 매혹적인 타자는 우리를 유혹해 결국 자신의 명령에 복종하도록 만든다. 우리는 사이비 종교나 다단계 조직에 빠져 전 재산을 탕진한 사람들의 이야기를 뉴스와 미디어에서 심심치 않게 접한다. 또 납치된 인질이 범인에게 정서적으로 동조하는 '스톡홀름 증후군'에서 보듯, 극도의 공포 속에서는 자신을 학대하는 타자에게 동일시되거나 폭력 뒤에 드러난 작은 친절조차 애정으로 착각하게 된다. 이는 가정 폭력이나 데이트 폭력의 피해자가 가해자로부터 쉽게 벗어나지 못하는 이유이기도 하다.

앞서 말했듯, 건강한 의식은 나와 타자라는 두 힘의 균형이다. 이처럼 타자의 영향력이 지나치게 강해져 균형이 무너지면, 우리는 타자에게 완전히 포섭되어 자기를 잃어버리는 상태에 빠진다. 그래서 우리는 언제나 타자와의 적절한 거리 유지가 필요하다. 타자가 강력하고 매혹적일수록 그 거리를 지키려는 노력은 더욱 절실해진다.

'내 안에 중심을 잡는다'는 것은 마치 별의 핵처럼, 타자의 중력에 맞설 수 있는 내면의 밀도와 힘을 갖추는 일이다. 타자와 거리를 유지하기 위해서는 타자의 중력에 대항할 수 있는 핵력, 곧 자기를 지탱하는 자기의식이 필요하다. 이 힘은 어린 시절 "싫어!"라는 말에서 처음 드러나고, 청소년기에는 불타오르는 반항심의 형태로 나타난다. 따라서 청소년기의 반항은 단순한 감정의 폭발이 아니라 타자의 질서에 저항하며 '나'를 찾아가는 과정임을 다시금 기억할 필요가 있다.

내면의 핵력은 단지 낯선 세상으로 떠나는 여행만으로 생겨나지 않는다. 핵력은 타자들과의 만남에서 비롯된 경험을 되돌아보고, 그것을 나만의 언어로 재구성하는 성찰의 과정을 통해 비로소 형성된다. 나와 다른 생각과 가치, 문화와 경험을 지닌 타자들을 단순히 만나는 것을 넘어, 이해하고 내면화하며 자신의 말과 시선으로 표현하기 위해서는 충분한 시간과 공간 속에서 이루어지는 사유가 필요하다. 또한 경험을 낯설게 바라보고 해석할 수 있는 사유의 틀이 있어야 타자와 적절한 거리 두기도 가능해진다.

이때 형성되는 '내면세계'는 단지 감정을 담아 두는 수동적 저장고가 아니다 그것은 타자의 담론을 해석하고, 자기 자신을 성찰하며, 스스로의 가치를 정립하는 주체적 공간이다. 타자와의 만남을 나만의 언어로 정의하고 관계를 조율할 수 있을 때, 우리는 비로소 타자의 중력에 휘둘리지 않고 균형을 유지할 수 있는 힘을 갖게 된다. 이와 같은 자기인식을 바탕으로 자유의지를 실현하려는 인간, 그가 바로 니체가 말한 "주권적 개인"이다.

주권적 개인은 타자들과의 만남과 그로부터 발생한 사건을 자신의 언어로 표현할 수 있는 내면세계를 지닌 사람이다. 이 내면세계는 타자와 적절한 거리를 유지할 수 있게 해 주는 힘이 된다. 그러나 현실에서 우리는 그러한 내면세계를 형성할 시간과 공간을 충분히 보장받지 못하고 있다. 아침부터 밤까지 입시 경쟁에 매달리는 학생들, 취업을 준비하느라 도서관과 고시원에서 밤을 지새우는 취준생들, 실적 경쟁 속에서 승진을 위해 밤낮없이 일하는 직장인들, 명예퇴직 후 퇴직금으로 치킨집을 차린 퇴직자들까지. 과연 우리 인생의 어느 시점에, 우리는 자신을 성찰하고 내면세계를 구축할 시간과 공간을 가질 수 있을까?

이러한 성찰의 기회와 조건이 구조적으로 박탈된다면, 그 사회는 한 번의 실패로는 다시 일어설 수 없는 사회, 강한 자만이 살아남는 약육강식의 사회가 될 수밖에 없다. 시민으로서의 기본적인 권리조차 충분히 보장받지 못하는 사회 역시 마찬가지다. 우리 사회가 양극단의 주장과 감정 속에서 점점 더 분열되어 가는 이유도 이와 무관하지 않을 것이다. 우리가 자기 생각과 의지로 판단하고 실천하는 주권적 개인으로 서지 못한다면, 권력을 쥔 자나 선동의 언어를 부리는 이들은 언제든 그들의 욕망을 우리의 정의로 둔갑시켜 우리를 극단으로 몰고 갈 수 있다. 우리를 새로운 주체로 다시 태어나게 하는 것도 타자이지만, 동시에 우리를 가장 쉽게 길 잃게 만드는 존재 역시 타자임을 잊지 말아야 한다.

밤하늘의 별이 붕괴되지 않고 안정적으로 빛나기 위해서는, 안쪽으로 끌어당기는 중력과 바깥으로 밀어내는 핵력이 균형을 이루어야 한다. 이 두 힘 중 어느 하나가 지나치게 강해지면 별은 무너지거나 폭발하고 만다. 우리도 마찬가지다. 인간은 타자와 연결되기를 바라는 본성적 욕망을 지니고 있지만, 그 관계 속에서 자신을 잃지 않기 위해서는 일정한 거리를 유지해야 한다. 서로를 끌어당기려는 욕망만 앞선다면 타자에게 휩쓸려 자아의 경계는 사라지고, 나만을 고집한다면 타자와의 만남을 통해 새롭게 변화하고 성장할 가능성 역시 닫혀 버린다.

결국 주권적 개인이란 타자와의 관계 속에서 자기 중심을 지키면서도, 타자를 배척하지 않는 태도를 지닌 존재다. 나와 타자 사이의 거리를 조율하는 일은 '깨어 있는 의식'을 통해서만 가능하다. 이 깨어 있음이란 나를 향한 끊임없는 질문이며, 타자와의 관계 속에서 자신을 점검하고 확인하려는 성찰의 자세다. 오직 이 균형 위에서만, 우리는 비로소 자기 삶의 주체로 설 수 있다.

둘이 등장하는 무대

....

'둘의 의식'은 나와 타자의 관계에서 비롯된다. 그것은 타자와의 적절한 거리를 유지하는 데서 시작된다. 그 위에서 우리는 자기 성찰을 통해 내면세계를 형성하고, 주권적 개인으로 성장해 간다.

우리는 모두 주권적 개인으로서 타자를 만나야 한다. 타자를 내 안에 소유하려 하거나, 내가 타자 안에 흡수되려는 태도 모두 주체의 퇴행을 의미한다. '둘의 의식' 속에서 우리는 타자의 내면에 비친 나를 통해 나 자신을 바라보고, 타자 역시 나의 내면에서 자신을 발견한다. 이 상호적인 성찰을 통해, 우리는 각자의 자리에서 새로운 주체로 다시 태어난다. 그렇게 다시 태어난 나와 너의 만남은 하나 되기에 집착하지 않고 고유한 둘이 마주하는 하나의 사건이 된다.

사람들은 흔히 사랑을 '둘이 하나 되는 것'이라 말하며 낭만적 수사로 포장하곤 한다. 그러나 연못에 비친 자신의 허상에 매혹되어 결국 현실의 자신을 잃어버리는 나르시시즘은 진정한 사랑이 아니다. 마찬가지로 타자에게서 오직 보고 싶은 자신의 이미지만을 발견하고, 그 이미지에 집착한 나머지 실제의 나를 상실하는 것도 사랑이라 할 수 없다. 오히려 그것은 자기 상실이며, 때로는 죽음을 향한 길이 되기도 한다. 둘이 하나가 되려는 이 나르시시즘적 환상은 사랑이 아니며 결코 낭만적이지도 않다. 또한, 반쪽 날개를 지닌 새가 또 다른 반쪽 날개를 만나야 비로소 날 수 있다는 비유 역시 사랑을 오해한 설명이다. 사랑은 상호 보완이나 결핍의 결합이 아니다.

우리는 각자의 내면세계를 지닌 주권적 개인으로서 타자를 만나야 하며, 타자 또한 독립된 주체로서 존중받아야 한다. 사랑은 서로의 부족함을 채워 하나가 되는 관계가 아니라 고유한 삶을 살아가는 개인과 개인이 마주하는 하나의 사건이다.

철학자 알랭 바디우(Alain Badiou)는 사랑을 '하나'에 관한 이야기가 아니라 '둘'에 관한 이야기라고 말한다. 그는 "사랑이 바로 구분을 다루기 때문에, 이 둘인 무엇이 모습을 드러내고, 무대에 등장하고, 새로운 방식으로 세계를 경험하는 바로 그 순간"[35], 사랑은 만남이라는 하나의 사건이 된다고 말한다. 사랑은 둘이 하나가 되는 결합이 아니라 서로 다른 두 존재가 만남을 통해 탄생시키는 하나의 사건이다.

바디우의 말을 빌리자면, '둘의 의식'은 서로 다른 두 주체가 동시에 주인공으로 등장하는 무대다. 그러나 '가족은 하나'라는 통념은 이 무대를 둘이 아닌 하나의 무대로 만들어 버린다. 하나의 무대 위에서는 남녀가 결혼을 통해 하나가 되기를 요구받고, 자녀는 그 결합의 산물로서 동일성을 증명해야 한다. 이처럼 가족은 구성원 모두가 '하나'라

---

35 알랭 바디우 지음, 『사랑 예찬』 조재룡 옮김, 도서출판 길, 2016, 40쪽

는 틀에 들어맞기를 강요하며, 그 틀에서 벗어나는 존재를 이질적인 것으로 간주한다. 그래서 하나를 위협하는 존재는 무대에서 밀려난다. 카프카의 『변신』에서 그레고르가 그러했고, 도리스 레싱의 『다섯째 아이』에서 벤 또한 그러했다. 가족은 그들이 가족이라는 무대 위에 존재할 자격이 없다고 판단했고, 마침내 그들을 무대 밖으로 추방해 버렸다.

무대에서 제외된 것이 과연 그레고르와 벤만이었을까? 결코 그렇지 않다. 성적이 낮다는 이유로, 외모나 키가 기준에 미치지 못한다는 이유로, 직장을 구하지 못했다는 이유로, 장애가 있다는 이유로, 성 정체성이 다르다는 이유로, 혹은 단지 기대에 부응하지 못했다는 이유로 수많은 이들이 가족이나 사회라는 '하나의 무대'에서 밀려 났다. 이러한 배제가 가능한 이유는 분명하다. 배제되는 개인보다도 '하나'를 유지하는 일이 더 중요하다고 여겨지기 때문이다.

'하나가 등장하는 무대'에서는 차이가 허용되지 않는다. 동일성과 일치만이 강조되는 이 무대에서는 나와 다른 타자가 불편한 존재로 간주되고, 결국 배제된다. 그러나 나와 다름을 받아들이지 못한다면, 우리는 내면세계를 결코 형성할 수 없다. 자기 성찰은 타자와의 만남을 통해서만 가능하며, 나와 다른 타자와 마주하는 경험 없이 자기 안을 들여다보는 일은 불가능하기 때문이다. 영원히 아버지의 집에 머무르면서도 주권적 개인이 될 수 있으리라는 믿음은, 이는 우물 안 개구리가 거북이의 바다 이야기를 비웃는 것과 다를 바 없다. 익숙한 틀 속에 머무른 채로는 새로운 세계를 이해할 수 없고, 자신의 한계를 깨닫는 일조차 어렵다. 하나의 상태에 고착된 채로는 '마디'가 생길 수 없다. 성장은 결코 반복되는 일상이나 안락한 질서에서 비롯되지 않는다. 추운 겨울을 견뎌야 나무에 나이테가 새겨지듯, 시련과 불편함, 낯선 타자와의 충돌을 겪어야만 우리는 비로소 변화할 수 있다.

우리는 타자와 함께 '둘이 등장하는 무대'를 만들어야 한다. 그런데 "나는 너에 대해 모든 것을 안다"고 자부하는 이는, 사실상 무대 위에 혼자 서 있는 고독한 독재자다. 그는 자신과 타자가 이미 하나가 되었다고 믿지만, 그것은 타자의 고유한 생각과 감정, 욕망을 지워 버리고 그것들을 자기 내부로 흡수한 결과일 뿐이다. 타자와의 거리를 인정하지 않고 차이를 지우는 순간, 둘은 더 이상 둘일 수 없게 된다. 이는 타자를 존중하는 태도가 아니라 타자를 자신의 세계 안으로 포섭하고 귀속시키는 행위다. 그 모습은 마치 사이렌의 노랫소리에 이끌려 뱃사람이 스스로 바다로 뛰어들어 파멸하는 것과 같다. 매혹적인 사이렌의 음성은 사랑이나 신뢰처럼 들리지만, 결국 자율성과 주체성을 상실하게 만드는 유혹이다. '둘이 하나가 되는' 관계는 이처럼 파괴적일 수 있다.

부모와 자식의 관계 또한 예외가 아니다. 종종 어떤 부모들은 "내 자식은 내가 제일 잘 안다"고 단언하며, 자녀가 겪는 방황을 단지 "친구를 잘 못 사귀어서 잠시 길을 잃었을 뿐, 결국 내가 기대하는 길로 돌아올 것"이라고 확신한다. 이때 부모의 믿음은 자식에 대한 신뢰라기보다 자기 욕망에 대한 확신에 가깝다. 자식을 타자이자 독립된 주체로 바라보지 못한 채, 결국 자식을 자기 틀 안에 포섭해 버리는 것이다. 부모의 욕망은 사이렌의 노랫소리처럼 자식을 현혹시킬 수 있다. 욕망이 클수록 그 목소리는 더욱 다정하고 매혹적으로 들리며, 자식은 그 안에서 점차 자신의 욕망을 잃어 간다. 그러므로 부모와 자식 역시 하나가 아니라 '둘'로 존재해야 하며, 서로의 차이를 인정한 채 독립된 주체로 마주하는 무대를 만들어야 한다.

우리는 본질에 앞선 실존적 존재이며, 그렇기에 스스로 삶의 의미와 가치를 만들어 가는 자유로운 존재다. 주어진 목적이나 규범에 의해 정의될 수 없기에, 타인 또한 우리를 완전히 규정할 수 없다. 이와 마찬가지로 타자 역시 무한한 가능성을 지닌 실존적 존재로서, 그 누구도 완전히 파악하거나 소유할 수 없는 존재로 우리 앞에 등장한다. "나는 너에 대해 모든 것을 안다"는 말은 "나는 우주 만물을 모두 이해했다"는 말만큼이나 오만한 착각이다. 타자를 전적으로 안다고 믿는 순간, 우리는 타자를 자신의 틀 안에 가두고 이해와 존중의 대상이 아니라 지배와 소유의 대상으로 전락시키기 때문이다.

이처럼 타자를 자기 안으로 환원시키려는 욕망은 결국 타자에 대한 폭력으로 이어질 수 있다. 타자는 내 안으로 환원될 수 있는 대상이 아니다. 타자는 나와 동등한 주체로서, 언제나 독자적인 세계를 지닌 존재로 나와 마주 선다. 그러므로 타자와의 만남은 언제나 '둘이 함께 서는 무대' 위에서 발생하는 사건이다.

무한한 가능성을 지닌 타자 앞에서 우리는 겸손해질 필요가 있다. 타자는 나와 다르며, 그 다름은 끝내 하나의 틀로 포섭될 수 없는 무한성이다. 우리가 이 사실을 자각할 때 비로소, 둘이 함께 서는 무대 위에서 서로의 차이와 가능성을 존중하는 진정한 만남이 가능해진다. 나아가 '둘의 의식'을 넘어 공동체와 세계라는 '셋의 의식'으로 확장되기 위해서도, 우리는 이 무대 위에서 타자와의 진실한 대화를 쉼 없이 이어가야만 한다.

두 세계와 두 자아 사이에서 갈등하고, 익숙하고 질서 잡힌 아버지의 집을 떠나 낯선 세계를 여행하며, 타자와 거리를 유지한 채 자신을 성찰하는 모든 여정은 바로 이 무대에 오르기 위한 준비 과정이다. 하나로 흡수하려는 타자의 힘에 저항하고, 타자를 내 안에 환원하려는 유혹에 빠지지 않기 위해 우리는 끊임없이 자신을 성찰해야 한다. 그렇게 스스로를 되돌아보며 깨어 있으려는 의식, 그 깨어 있음의 태도가 바로 둘의 의식이다.

둘에서 셋으로

....

둘의 의식을 따라가며 우리는 언어와 질서의 세계를 지나, 타자의 세계와 두 힘이 교차하는 지점, 그리고 둘이 함께 등장하는 무대에까지 이르렀다. 안정과 편안함을 주는 하나의 세계, 곧 어머니와 아버지의 품을 떠나 낯섦과 불안, 갈등이 가득한 타자의 세계로 들어가는 일이 얼마나 어렵고 두려운지, 그리고 주권적 개인으로 서기 위해 왜 그 과정이 반드시 필요한지를 살펴보았다.

이 둘의 의식은 어머니에서 아버지로 그리고 타자로 향하는 방향 속에서 점차 확장되며, 두 세계와 두 자아 사이에서 끊임없이 흔들리는 우리 자신과 마주하게 한다. 이는 단지 청춘의 한 시기에 치르는 홍역이 아니다. 우리의 삶 전체가 바로 둘의 의식 위에서 살아가는 여정이다. 결국 둘의 의식의 핵심은, 내 안에서 끊임없이 충돌하고 교차하는 나와 타자의 긴장을 자각하는 데 있다. 그리고 중요한 것은 타자에게 흡수되지 않으면서도, 타자를 내 안으로 환원하지 않는 것, 곧 주권적 개인으로서 독립된 주체인 나로 살아가기 위한 자기 성찰이다.

둘의 의식은 '하나인 나'를 만나기 위한 여행이다. 하나의 의식이란 나와 세상, 나와 어머니, 나와 거울 속의 내가 동일시되는 상태, 곧 경계 없는 융합의 상태를 의미한다면, 둘의 의식은 나와 타자가 적절한 거리를 유지한 채 서로를 독립된 주체이자 주권적 개인으로 인정할 때 성립하는 새로운 '하나'다. 이 하나는 동일성에서 비롯된 하나가 아니라 차이와 거리 위에 세워진 관계 속의 하나다.

둘의 의식에서 가장 경계해야 할 것은 동일시를 통해 만들어진 하나, 즉 타자를 나와 구별하지 못한 채 내 안으로 환원해 버리는 하나다. 만약 나와 똑같이 생긴 사람이 내 앞에 나타난다면, 우리는 '진짜 나'는 누구인가라는 질문 앞에 서게 된다. 나와 차이가 없다는 사실은 오히려 나의 정체성을 불안정하게 만들고, 내가 나일 수 있는 근거를 위협한다. 도플갱어가 두려운 존재로 여겨지는 이유는 바로 이 정체성 붕괴의 가능성 때문이다. 동일한 두 존재가 동시에 존재할 수 없다는 상상은, 곧 제거와 배제의 공포로 이어진다.

결국 나의 정체성을 확인시켜 주는 것은 거울에 비친 자화상이 아니라 나와 다른 차이를 지닌 타자와의 만남이다. 그 이질적인 만남을 통해서만 나는 내가 아닌 타자와 구별되며, 오직 '나'일 수 있는 조건을 얻게 된다. 그래서 둘의 의식은 타자들과의 만남 속에서 차이를 인식하고, 그 차이를 통해 자신을 성찰함으로써 '하나인 나'를 형성해 가는 존재론적 여정이다.

주권적 개인으로서, 그리고 '하나인 나'로서 서로를 인정할 때 우리는 비로소 둘이 등장하는 무대에서 사랑할 수 있다. 이 무대 위에는 연인뿐 아니라 가족, 친구, 꿈, 희망, 이념, 신념 등 다양한 타자들이 함께 등장한다. 각각의 타자는 나와의 관계 속에서 끊임없이 나를 비추고 흔들며, 나를 새롭게 구성하는 계기를 제공한다. 그러나 이러한 관계들이 익숙해질수록 우리는 다시금 하나가 되려는 유혹에 빠지기 쉽다.

타자를 내 안으로 흡수하거나, 타자에게 나를 내맡겨 하나가 되려는 경향은 주권적 개인으로서의 자율성을 위협한다. 이 유혹에 빠지지 않기 위해 우리는 때때로 익숙한 공간과 시간에서 벗어나 의도적으로 '낯설어지기'를 실천해야 한다. 자기 성찰은 언제나 익숙함의 바깥에서 시작된다. 낯선 나와 마주하기 위한 자기만의 방식을 찾는 일, 그것이 바로 둘의 의식이 요구하는 중요한 과제다.

둘의 의식은 낯선 나를 만나기 위한 깨어 있는 의식이며, 타자와의 거리 두기를 통해 자기 자신을 확장해 가는 실천이기도 하다.

깨어 있는 의식은 타자를 대상화하거나 수단화하지 않으며, 타인의 얼굴에 담긴 윤리적 요청을 외면하지 않는다. 타자의 고통에 무감각하지 않고, 그 존재의 고유함 앞에서 멈춰 서서 응시할 줄 아는 태도다. 이 의식은 나와 타자 사이의 경계에 머물며, 빛과 어둠, 아름다움과 추함, 선과 악의 경계에서 끊임없이 흔들리고 사유한다. 그리고 그 경계 위에서 새로운 감각과 인식을 열어, 셋의 의식으로 나아간다.

셋의 의식에서 지향하는 '셋'은 결코 산술적 합(2+1=3)이 아니다. 그것은 둘이 등장하는 무대에 하나를 덧붙이는 단순한 확장이 아니라 둘 사이의 관계를 끝없이 유지하고 성찰하려는 지속적인 태도다. 셋의 의식은 동일화를 경계하며 '하나인 나'를 지키는 동시에, 타자와의 만남 속에서 또 다른 하나를 창조해 내는 역동적 의식이다.

셋의 의식은 결국 경계 위에 서서 나와 타자의 진정한 만남이 가능
하도록 그리고 그 만남 속에서 '나'라는 존재가 계속해서 확장되고 깊
어질 수 있도록 우리를 이끄는 존재 방식이다. 이는 단지 철학적 사유
에 머무르지 않고, 우리가 '어디로 가야 하는가'라는 궁극적인 질문에
응답해 가는 순례이다.

우리는 어디로 가는가?

....

셋은 사이에 선 나이다.

나와 너를 품은 우리(한울)라는

하나 안에 있는 나이다.

빛과 어둠, 생명과 죽음, 선과 악,

아름다움과 추함, 옳음과 그름,

나와 너를 우리 안에 품고

진리의 빛을 향해 가는 나이다.

서로를 살리며 스스로 서는

나이며 너이고 우리이다.

우리는 어디에서 왔을까? 몸을 이루는 철·칼슘·탄소 그리고 숨 쉬는 공기 속 산소까지, 이 모든 원소는 태초에 폭발한 별에서 만들어졌다. 인간뿐 아니라 동물과 식물, 암석과 바다 역시 '별먼지(stardust)'로 이루어져 있다. 빅뱅 이후 138억 년이라는 유구한 시간 동안 별의 내부에서 원소가 합성되고, 초신성 폭발로 우주 전역에 흩뿌려진 뒤, 그 먼지가 다시 뭉쳐 태양계와 지구를 형성해 온 이 긴 과정을 따라가다 보면 우리는 모두 하나의 우주적 계보에 속한 존재임을 깨닫게 된다.

이 우주적 일체감은 마음 깊은 곳에 '다시 하나로 합쳐지고 싶다'는 원초적 충동을 새겨 놓았다. 거대한 자연 앞에서 느끼는 전율 어린 경외감, 공동체 속에서 느끼는 깊은 안도감, 연인과 경계 없이 서로에게 닿는 듯한 일체감은 우리가 모두 하나였던 기억의 잔향처럼 우리 안에 남아 있다. 우리는 타자를 마주할 때마다 그 잔향을 되살리듯, 말로는 온전히 설명할 수 없는 하나 됨을 본능적으로 갈망한다. 철학자·신학자·예술가들이 '보편적 사랑', '만유(萬有)의 연대', '잔존하는 신성(神性)'을 이야기해 온 것도 결국 이러한 근원적 기억의 또 다른 표현일 것이다.

하나의 의식은 태초의 온실이다. 그곳에서 우리는 세상과 자신을 구별하지 못한 채, 충만한 안정과 편안함, 일관성을 누리며 '세계가 곧 나'라는 원초적 확신 속에 머문다. 이 단일한 경험은 삶을 출발시키는 근원적 힘이지만, 동시에 치명적인 한계를 품고 있다. 우리가 이 원초적 합일에 지나치게 매몰될 때, 우리는 타자의 고유성을 망각한 채 모든 것을 자신의 세계관 안으로 강제 편입시키려는 유혹에 노출될 수 있기 때문이다.

진정한 성숙에 도달하기 위해서는 '나'와 '타자'가 서로의 고유함을 인정하면서도 거리를 유지하는 둘의 의식으로 도약해야 한다. 그러나 이 도약은 시간이 흐른다고 저절로 이루어지지 않는다. 함석헌의 말처럼 '마디가 생긴다'는 것은 시련과 난관이 우리를 끊임없이 압축하고, 응고시키며, 단련하는 과정을 거쳐야만 가능하다. 보호받는 아버지의 집, 즉 익숙하고 안전한 질서의 울타리를 벗어나는 일은 위험을 감내하겠다는 결단을 요구한다. 낯선 세계에서 우리는 타자와 충돌하며 때로는 자신을 잃을 것 같은 흔들림과 빼앗길 것 같은 상실을 경험한다. 이 진자 운동을 통해서만 우리는 주권적 개인이라는 단단한 마디를 만들어 갈 수 있다. 그렇게 형성된 주권적 개인은 자신의 내면세계에서 사유하고, 그 사유를 바탕으로 타자와 '둘이 등장하는 무대'를 꾸려 나간다.

둘의 의식은 '나'와 '너'를 분리하여 우리를 주권적 개인으로 세우지만, 동시에 우리 내면에는 여전히 '다시 하나로 합쳐지고 싶다'는 원초적 충동이 남아 있다. 그래서 우리는 타자를 자기 안에 흡수하려 하거나, 반대로 타자에게 자신을 내맡기고 잠식되려는 유혹을 끊임없이 경험한다. 깨어 있는 둘의 의식은 이러한 퇴행적 유혹을 예민하게 알아차리고 타자와의 거리를 유지하게 하지만, 그 거리 유지 자체만으로는 삶이 요구하는 더 큰 연대의 과제를 온전히 감당하기 어렵다. 우리는 알에서 나오려는 새처럼 끝없이 투쟁하거나, 낡은 가치를 부정하며 자유를 외치는 사자처럼 포효만 하며 살아갈 수는 없다.

다음 단계는 과거의 유아적 합일로 회귀하는 '하나'가 아니라 나와 너를 온전히 품어 안으면서 새로운 차원으로 도약하는 우리로서의 하나, 곧 셋의 의식이다. 여기서 말하는 '하나'는 동일성과 흡수의 하나가 아니라 서로의 차이를 존중한 채 공동의 세계를 창조하는 역동적 전체성이다.

둘이 만들어 내는 '우리' 속에서만 개인은 고립을 벗어나고, 공동체는 획일화를 피할 수 있다. 이는 '완전한 융합'이 아니라 차이를 보존한 공존이라는 더 높은 차원의 통합이다. 셋의 의식은 바로 그 지점, 다시 말해 독립된 둘 위에 세워진 연대의 하나를 향해 출발한다.

우리로서 하나

....

둘의 의식은 타자와의 치열한 만남을 내면으로 끌어들여 되돌아보고 성찰함으로써, 진정한 '하나인 나'로 거듭나는 존재론적 여정이다. 이 성찰은 타자를 거치지 않고는 시작될 수 없다. 철학노동자 유대칠은 『대한민국철학사』에서 다음과 같이 말한다.

> "너를 만난 '나'가 진짜 나이며, 너와의 시간과 공간이 비록 지난 일이라도 지난 일이 아닌 '나'란 존재의 한 부분이 되어 있는 것이 바로 '나'이다. …… '나'라는 존재는 나와 함께한 수많은 시간과 공간 속에 '너들'과의 '더불어 있음'으로 있는 것이다"
>
> - 유대칠, 『대한민국철학사』 이상북스, 2020, 203쪽

여기서 말하는 '나'는 고정된 실체가 아니다. 그것은 타자와 함께한 시간과 공간 속에서 끊임없이 생성·갱신되는 관계적 존재다. 이러한 관계적 존재로서의 '나'는 단순히 타자 곁에 무심하게 머무는 정적인 상태가 아니다. 오히려 고난과 시련, 갈등과 이해의 과정을 함께 통과

하며 지속적으로 구성되어 가는 생동적 존재다.

유대칠이 역설하는 '더불어 있음'은 고통과 환희를 함께 겪으면서도 서로를 버리지 않는 실존적 연대를 의미한다. 이 연대 안에서 우리는 타자의 얼굴을 마주하고, 그 얼굴에 비친 자신의 모습을 통해 자기 존재를 되비춰 볼 수 있다. 그래서 그는 말한다. "진정한 나는, 너라는 존재론적 거울에 비친 나"라고. 마찬가지로 '너' 역시 나라는 거울 속에서 자기 자신을 발견하게 된다.

타자와의 이러한 만남은 나와 너라는 이분법적 구도를 넘어, '우리'라는 관계적 장(場) 속에서 함께 생성되는 새로운 주체로 우리를 확장시킨다. 이러한 맥락에서 철학자 김상봉이 말하는 '서로주체성'은, 주체가 결코 고립된 자아가 아니며 오직 타자를 통해서만 그리고 타자와 더불어 있을 때에만 주체로 성립할 수 있다는 존재론적 통찰을 담고 있다. 주체성은 홀로 완성되는 것이 아니라 타자의 눈 속에서, 타자의 말과 침묵 속에서 그리고 그와 함께한 시간 속에서 끊임없이 정립되고 확인된다.

셋의 의식은 '나'와 '너'를 품어 새롭게 구성되는 '우리'라는 존재의 무대다. 이 무대 위에서 우리는 '더불어 있음'을 통해 서로를 비추며 자신을 드러내는 존재론적 거울이 된다. 유대칠의 주장처럼, "너를 만난 '나'가 진짜 나"이며, 타자와 함께한 시간과 공간은 이미 지나가 버린 과거가 아니라 지금 여기에서 나를 구성하는 현재진행형의 일부이기 때문이다. 우리는 타자의 눈에 비친 자신의 '존재론적 이미지'를 마주하게 된다.

그러나 이는 하나의 의식에서처럼 거울에 비친 이미지를 나와 동일시하는 나르시시즘과는 분명히 다르다. 유아적 하나 됨의 세계에서 타자는 나를 비추는 거울이 아니라 단지 비대해진 자아를 강화하고 확증하기 위한 반사체로 전락한다. 반면 셋의 의식에서 타자는 내가 소유하거나 조작할 수 없는, 나와 분리된 실존적 존재다. 바로 그 '건널 수 없는 거리' 때문에, 나는 타자라는 거울을 통해 비로소 '있는 그대로의 나'를 발견할 수 있다.

이때 우리가 마주한 '나'는 결코 단단히 고정된 불변의 실체가 아니다. 그것은 타자와의 관계 속에서 그리고 그 관계를 되돌아보는 사유를 통해 끊임없이 갱신되고 다시 쓰이는 유동적 자아다. 셋의 의식은 이처럼 '나'라는 존재를 타자라는 필연적인 동반자와 함께 써 내려가는 열린 서사로 이해한다.

이 열린 서사의 가능성을 상징하는 존재가 바로 프리드리히 니체가 말한 '어린아이'다. 니체는 어린아이를 "새로운 시작이며, 놀이이고, 스스로의 힘에 의해 돌아가는 바퀴이며, 최초의 운동이며, 거룩한 긍정"[36]이라 예찬했다. 어린아이는 세상을 선입견 없이 바라보며, 존재를 있는 그대로 받아들인다. 아름다움과 추함, 선과 악, 중심과 주변 같은 경계를 인위적으로 긋지 않기에, 빈부나 인종, 종(種)의 차이를 넘어 누구와도 자유롭게 관계 맺을 수 있다.

이처럼 타자의 시선이나 사회의 기준이 아니라 있는 그대로의 눈으

36 이진우, 『니체의 인생 강의』 140쪽

로 세계를 바라본다는 것은 곧 타자의 규정에서 벗어나 '나'를 스스로 정의할 수 있다는 뜻이다. 니체가 말한 '어린아이처럼 되라'는 요청은 단순히 순수해지라는 도덕적 권고가 아니다. 그것은 자기 삶을 스스로 판단하고 결정할 수 있는 주체가 되라는, 존재 방식 전체를 전환하라는 철학적 명령이다. 다시 말해, 타인의 해석이 아닌 자신의 언어와 관점으로 세계를 새롭게 창조하고 받아들이며, 자기 삶의 진정한 주인이 되겠다는 의지의 선언인 것이다.

있는 그대로의 '나'를 찾아내는 일은 나라는 존재의 주도권을 회복하는 철학적 실천이다. 내가 누구인지를 스스로 규정하지 못하면, 우리는 필연적으로 타인의 시선과 판단에 의존하게 된다. 자기규정의 권한을 타인에게 넘기는 순간, 주체는 곧 구속된다. 김상봉은 "'나'란 존재가 누구인지 타인에게 의존하면, 타인은 다가와 자신의 답으로 '나'를 구속한다"[37]고 지적한다. 이 경고는 우리가 스스로를 규정하지 않을 때, 내가 살고 싶은 삶이 아니라 타인이 제시한 삶을, 내가 되고 싶은 존재가 아니라 타인이 허용한 모습만을, 내가 진정으로 사랑하는 것이 아니라 타인이 요구한 대상을 사랑하도록 스스로를 길들이게 된다는 뜻이다.

이처럼 타인이 정해 준 답에 따라 살아가는 삶은 주체적 삶이 아니라 타인의 그림자 속에서 연명하는 비주체적 삶이다. 이는 자기 삶의 방향을 스스로 결정하지 못한 존재 양식이라는 점에서 분명히 '노예의

---

37 유대칠, 『대한민국철학사』 362쪽

삶'이라 불릴 수 있다. 내가 내 삶의 의미를 타인의 기준과 시선에 맡긴다면, 그것은 더 이상 나의 삶이라 말할 수 없다. 우리는 언제든 타인의 욕망에 의해 조종될 수 있다는 이 불편한 진실 앞에 늘 깨어 있어야 한다.

나와 너는 '더불어 있음'을 통해 서로를 비추는 존재론적 거울이 된다. 그 거울에 비친 본연의 '나'를 발견할 때, 두 주체는 서로를 규정하지 않으면서도 서로에게 의미를 부여하는 관계, 곧 '서로 주체성'을 형성한다. 이때 탄생하는 '우리'는 파편화된 개인들의 단순한 집합이 아니다. 그것은 나와 너를 온전히 품어 안으면서도 새로운 존재 양식을 드러내는 실존의 문대, 즉 '셋의 의식'이다.

여기서 말하는 '우리'는 하나의 의식이 보여 주는 동일시적 결합, 즉 나와 타자의 경계가 소멸된 상태와는 질적으로 다르다. 전자가 차이를 지운 통합이라면, 후자는 차이를 보존한 채 함께 서는 연대다. 따라서 둘의 의식 단계에서 솟구치는 '하나가 되고픈' 근원적 욕망은 과거로 회귀하려는 퇴행적 융합의 유혹에 굴복해서는 안 된다. 그 욕망은 '우리로서 하나', 차이가 공존하는 셋의 의식을 향해 변형되고 승화되어야 한다.

깨어 있는 둘의 의식이 중요한 이유가 바로 여기에 있다. '우리로서 하나'는 나와 너의 동일시로 이루어지는 하나가 아니라 나와 너의 '더불어 있음'으로 성립하는 하나이며, 차이를 존중하는 '서로 주체성'으로서의 하나이기 때문이다.

환대하는 우리

....

철학자 김현경은 『사람, 장소, 환대』에서 "환대란 타자에게 자리를 주는 행위, 혹은 사회 안에 있는 그의 자리를 인정하는 행위"[38]라고 정의한다. 여기서 말하는 '자리'란 단순히 물리적 공간을 의미하지 않는다. 그것은 사회적·상징적 공간 안에서 타자가 머물 수 있는 위치, 다시 말해 '여기에 있어도 되는 존재'로 인정받는 자리를 뜻한다.

우리가 누군가의 출입을 허락하는 이유는 그를 단순한 침입자가 아니라 손님으로 받아들이고 인정하기 때문이다. 이처럼 타자에게 자리를 마련해 주는 행위는, 타자의 존재를 존중하고 받아들이겠다는 의지의 표현이다. 김현경은 또한 "이러한 인정은 그에게 자리를 마련해주는 몸짓과 말을 통해 표현된다"[39]고 말한다. 여기서 말하는 '몸짓과 말'은 타자를 사회적 세계 안으로 초대하고 인정한다는 의미를 담은 상징적 행위다.

---

38 김현경, 『사람, 장소, 환대』 문학과지성사, 207쪽
39 김현경, 같은 책, 208쪽

예를 들어, 우리가 누군가에게 손을 흔들며 "안녕하세요"라고 인사하는 행위는 흔한 예절 관습 그 이상의 의미를 지닌다. 그것은 상대방을 '나의 공간에 있어도 되는 존재'로 받아들이는 적극적인 행위다. 간단한 손짓과 짧은 말 한마디는 타자에게 자리를 내어 주는 환대의 시작이 된다. 이처럼 인사는 단순한 형식에 그치지 않고, 존재를 향한 긍정이자 사회적 공간 안에서의 자리를 부여하는 행위로 기능한다. 결국 인사는 곧 환대이며, 타자와 '더불어 있음'을 가능하게 하는 가장 일상적이고도 근원적인 첫걸음이다.

2019년 봄, 나는 산티아고 순례길을 걸었다. 프랑스의 생장피에드포르에서 출발해 피레네산맥을 넘고, 스페인의 들판과 언덕, 마을과 도시를 지나 산티아고 대성당에 이르기까지 약 800킬로미터의 길이었다. 매일 걷고, 먹고, 자고, 다시 걷는 단순한 일상의 반복 속에서 뜻밖에도 여러 질문들이 불쑥불쑥 떠올랐다. 왜 이 길을 걷고 있는 걸까. 이 길의 끝에서 나는 무엇을 얻게 될까. 이렇게 아픈 무릎으로 과연 끝까지 갈 수 있을까.

순례길 초입에는 후회와 기대, 걱정이 뒤섞인 생각들이 떠오르지만, 내 앞에 놓인 길을 따라 걷다 보면 어느 순간 생각들은 저절로 흩어졌다. 점점 나는 생각보다 걷는 행위 그 자체에 집중하게 되었고, 그저 걷고 있다는 사실만으로도 충분한 상태에 이르렀다. 무릎 통증 때문에 순례길을 망설이던 내가, 어느새 더 걷고 싶어졌고, 이 길이 끝나지 않았으면 좋겠다는 마음까지 품게 되었다. 순례길은 끊임없이 내게 질문을 던지면서도, 동시에 그 모든 물음을 고요히 내려놓게 하였다.

순례의 여정은 우리가 살아 내는 생(生)의 모습과도 닮아 있다. 삶은 늘 어떤 목적지를 향해 나아가면서도, 그 목적지에 매달리지 않은 채 하루하루의 '과정'을 온전히 살아 내야 하는 일이기도 하다. 순례길 위에서 우리가 던지는 "나는 왜 여기 있는가", "어떻게 살아야 하는가"라는 질문들은 결국 우리 삶을 관통하는 가장 근본적인 화두들이다. 그리고 그 답은 멈춰 서서 단번에 얻어지는 것이 아니라 계속해서 걸으며 삶의 고유한 속도와 리듬에 온몸을 맡길 때 조금씩 다가올 것이다.

돌이켜보면, 그 길 위에서 내가 얻은 깨달음은 정답을 손에 쥐는 성취가 아니라 정답을 찾으려는 강박을 내려놓는 법을 배우는 일이었다. 길 위에서 떠올랐다 사라지던 질문들처럼, 삶의 의미 역시 완성된 문장으로 주어지는 것이 아니라 끊임없이 쓰였다가 지워지는 미완의 문장처럼 존재하지 않을까. 그렇다면 삶은 목적지를 향해 달려가는 경주가 아니라 순례처럼 그 과정을 온전히 살아 내는 일일 것이다. 그 여정 속에서 우리는 자신과 치열하게 마주하고, 낯선 타자들과 만나며, 또 다른 질문을 품게 될 것이다.

오직 걷기만 했을 뿐인데 삶이 이토록 충만하게 느껴진다는 사실이 문득 경이로웠다. 무엇이 나를 계속 앞으로 나아가게 했고, 무엇이 이 깊은 만족감을 안겨 주었을까. 나는 세계 각지에서 모여든 순례자들과 나란히 걷고, 투박한 식탁에 둘러앉아 식사를 하고, 같은 숙소에서 하룻밤을 보내며 그 물음에 대한 답을 찾으려 했다. 그리고 수만 보의 걸음 끝에 마음속에 하나의 단어가 또렷하게 떠올랐다. 그것은 바로 '인사와 환대'였다.

산티아고 순례길에서는 누구를 만나든 자연스럽게 "Buen camino! (좋은 길 되세요!)"라고 인사한다. 하루에도 수십 번, 때로는 수백 번 이 말을 주고받는다. 길 위에서는 이 인사가 특별한 의미를 덧붙이지 않아도 자연스럽게 오간다.

처음에는 낯설고 어색해서, 누군가 먼저 인사를 건네면 잠시 머뭇거리다 작은 목소리로 화답하는 정도였다. 하지만 며칠이 지나자, 그 투박한 인사가 입에 붙기 시작했고, 어느 순간부터는 내가 먼저 인사를 건네고 싶어졌다. 길에서 마주치는 모든 이에게 "Buen camino!"를 외치며 웃음을 건넸고, 돌아오는 미소와 인사에 내 마음도 함께 환해졌다.

어떤 이는 신을 만나기 위해, 어떤 이는 참된 자기를 찾기 위해, 또 어떤 이는 새로운 삶을 시작하기 위해 이 길을 걷는다. 그렇게 각자의 이유로 길 위에 선 우리는, 언어도 다르고 배경도 달랐지만 "Buen camino!"라는 짧은 인사 한마디로 서로를 지지하는 사이가 되었다. 그 말 속에는 서로의 여정을 존중하고 각자의 길을 응원하겠다는 조용한 연대가 깃들어 있었다. 그것이 내가 길 위에서 처음 목격한 진정한 의미의 '환대'였다.

산티아고 순례길을 떠날 무렵, 나는 철저한 '홀로 있음'의 요새 안에서 나를 지키려 했다. 그것이 타자로부터 상처받지 않는 방식이자, 주체성을 유지하는 가장 안전한 방법이라 믿었기 때문이다. 타자의 간섭과 기대, 평가와 실망으로부터 벗어나 오롯이 나만을 위한 삶을 살아야 한다는 생각이 지배적이었다. 그리고 그렇게 고립된 나를 위로하는 방식은 어느새 인터넷 쇼핑이 되어 있었다. "열심히 일한 나에게 주는 선물"이라는 말로 스스로를 설득하며, 나는 상품을 통해 잠시나마 위안을 얻고, 내가 여전히 괜찮은 존재라는 감각을 확인하려고 했다. 타자와의 관계가 끊긴 자리에서, 나를 증명해 줄 수 있는 거의 유일한 수단이 쇼핑처럼 느껴졌기 때문이다. 유대칠의 지적처럼, "홀로 외로운 존재가 누리는 거의 유일한 자기 존재 가치는 소유"[40]라는 문장이 그 시기의 나를 정확히 설명하고 있었다.

물건이 선사하는 위안은 잠시 공허를 덮어 주었지만, 그 위안은 오래가지 않았다. 하나의 결핍이 채워지면 곧장 또 다른 결핍이 찾아왔다. 그렇게 내 주변은 소비한 물건들로 점점 채워졌지만, 아이러니하게도 내 마음은 더욱 비어 갔다. 홀로 주체성을 지키려 했던 나를, 그 어떤 물건도 끝내 주체로 만들어 주지는 못했다.

직접 배낭을 직접 메고 걷는 순례길에서 배낭의 무게는 곧 삶의 무게다. 순례길에 꼭 필요하다고 짐작했던 것들로 배낭을 채우다 보면, 어느새 예상보다 훨씬 무거워져 있음을 깨닫는다. 그런데도 우리는 쉽게 버리지 못한다. 하나라도 없으면 안 될 것처럼 느껴지기 때문이다. 하지만 길 위를 오래 걷다 보면, 그 물건들이 실은 '필요'가 아니라 '두려움'이었다는 사실을 서서히 알게 된다. 미래에 대한 불안, 불확실성에 대한 염려 그리고 홀로 있음에서 비롯된 공허함이 물건의 형태를 빌려 배낭 속에 들어 있었던 것이다.

순례길의 날들이 흐를수록 배낭 속 물건들을 하나둘 내려놓기 시작

<hr>

40 유대칠, 『대한민국철학사』 202쪽

했다. 배낭이 가벼워질수록 두려움도 옅어지고, 마음의 여유가 조금씩 돌아왔다. 그렇게 마음의 짐이 가벼워지자, 다른 순례자들에게도 스스럼없이 인사를 건네게 되었다. 길 위에서 마주치는 얼굴마다 "Buen camino!"라고 말하며, 타자를 더 이상 경계의 대상으로 보지 않게 되었다.

작은 도움 하나로 인연이 되어 마주칠 때마다 따뜻하게 안아 주던 독일 노부부 순례자에게도, 세상을 떠난 아들의 발자취를 따라 걷고 있던 뉴질랜드 순례자 부부에게도, 우리나라의 촛불집회 이야기에 눈을 반짝이던 미국 교사 순례자들에게도, 손자부터 할아버지까지 세 세대가 함께 걷던 순례자 가족에게도 나는 마음을 담아 인사했다. "Buen camino."

외국어는 서툴지만 번역기를 손에 쥐고 당당히 걷던 일본 할아버지, 큰 비닐봉지에 쓰레기를 주워 담으며 묵묵히 길을 걷던 이름 모를 순례자, 워킹홀리데이로 모은 돈으로 세계 일주를 시작한 스물한 살의 젊은이, 군 복무를 마치고 인생의 다음 장을 고민하던 청년, 회사를 떠나 홀로 길에 오른 이방인까지, 이름도, 사연도 모두 달랐지만, 나는 그들 모두에게 인사했다. "Buen camino."

때로는 옆을 스쳐 지나가는 자전거 순례자의 멀어지는 뒷모습을 향해서도 힘껏 외쳤다. "Buen camino!"

그 인사는 어느덧 인간의 경계를 넘어 만물로 번져 나갔다. 길가에 서 있는 나무에게, 뺨을 스치고 지나가는 바람에게, 저 멀리 천천히 지는 노을에게, 끝없이 펼쳐진 들판에게도 인사를 건네고 싶은 마음이 일어났다.

일출을 마주한 아침, 붉게 타오르는 해를 향해 나는 속삭이듯 인사했다. "Buen camino." 길가에 핀 들꽃과 나무, 바람에 나부끼는 잎사귀 하나하나에도, 파란 물감을 풀어놓은 듯 끝없이 펼쳐진 하늘에도, 우리의 길을 묵묵히 안내해 주는 노란 화살표에도 나는 쉼 없이 인사를 건넸다. "Buen camino."

"Buen camino!"라는 한마디는 단순한 인사 이상의 것이었다. 그것은 타자와의 만남을 기뻐하는 순수한 환희였으며, 오늘도 무사히 각자의 길을 걸을 수 있기를 바라는 조용한 축복이었다. 문득 발걸음을 멈추고 자문해 보았다. 우리는 이 분주한 일상의 삶 속에서 이토록 자주 축복을 건네본 적이 있었던가. 또 그만큼의 축복을 아무런 대가 없이 받아 본 적이 있었던가.

하루에도 수십 번, 수백 번 오간 이 짧은 축복의 말들은 서서히 마음의 벽을 허물었다. 그리고 그 벽이 무너진 자리에 타인을 위한 자리가 열렸다. 바로 그 자리가 '환대'였다.

레비나스는 소통에 두 가지 차원이 있다고 보았다. 하나는 '메시지의 전달'로서의 소통이고, 다른 하나는 '드러냄'으로서의 소통이다. 전자는 이미 형성된 생각이나 정보를 언어라는 도구를 통해 상대에게 전달하는 행위다. 여기서 중요한 것은 정보가 얼마나 정확히 전달되고 이해되느냐이다. 반면 '드러냄'은 단순히 내용을 주고받는 차원을 넘어선다. 그것은 자신을 열어 타자 앞에 내어 보이는 근원적인 행위이며, 말이 오가기 이전에 먼저 일어나는 마음의 개방이다. 다시 말해, 드러

냄은 소통의 한 방식이기보다 소통이 가능해지기 위한 조건이다. [41]

사실 '소통'이라는 단어 자체도 이러한 이중 구조를 품고 있다. '소통(疏通)'은 '트다'는 뜻의 '소(疏)'와 '통하다'는 뜻의 '통(通)'이 합쳐진 말이다. 우리는 흔히 소통이 되지 않는 이유를 "말이 통하지 않기 때문"이라고 생각한다. 그러나 정말 문제는 통하지 않아서일까, 아니면 애초에 틔워지지 않았기 때문일까. 마음이 굳게 닫혀 있다면, 아무리 많은 말을 전달해도 그것은 닿지 않는다. 통하려면 먼저 틔워야 한다. 소통의 시작은 언제나 마음의 문을 여는 데 있다.

레비나스는 바로 이 '드러냄'의 가능성을 '인사'에서 발견한다. 인사는 단지 예의나 사회적 형식이 아니다. 인사는 타인에게 자신을 열어 보이는 최초의 몸짓이며, 타자와의 관계가 시작될 수 있음을 알리는 윤리적 신호다. 인사는 나를 숨기지 않겠다는 선언이자, 타자를 맞이하겠다는 응답이다. 그래서 레비나스에게 인사는 곧 축복의 시작이며, 책임이 시작되는 자리다. 그는 다음과 같이 고백한다.

> "내가 당신을 향해 '안녕하세요'라고 말할 때, 나는 당신을 인식하기보다 먼저 당신을 축복하고 있었던 것입니다."
>
> - 우치다 타츠루, 같은 책, 73쪽

즉, 인사는 타자를 범주화하는 판단 이전의 태도이며, 타인을 축복

41　우치다 타츠루, 『레비나스와 사랑의 현상학』 이수정 옮김, 갈라파고스, 2013, 73쪽 참조

하는 방식으로 자신을 드러내는 최초의 소통이다. 우리는 타인이 누구인지 파악한 뒤에 인사하는 것이 아니라 그의 존재를 먼저 긍정하며 마음을 연다. 이런 점에서 진정한 소통은 논리적 설명이나 설득이 아니라 축복을 담은 인사에서 시작된다.

순례길에서 나는 수많은 순례자들과 인사를 나누며, 그 짧은 순간마다 축복을 주고받았다. "Buen camino!"라는 간단한 인사 한마디는 낯선 이와 나 사이의 거리를 허물고 마음을 여는 열쇠가 되었다. 축복의 언어가 쌓일수록 내 안에 닫혀 있던 마음의 빗장도 서서히 열렸다. 그리고 그 틈으로 타자의 존재가 스며들었다. 마음의 자리를 내어 준다는 것은 단지 공간을 허락하는 일이 아니었다. 그것은 타자를 온전히 환대하기 위해, 내 안의 익숙한 질서와 기준을 흔들어 새롭게 배치하는 일이었다. 그렇게 나는 타자를 향해 나를 열었고(疏), 그들과 연결되었으며(通), 흡수나 동일시가 아닌 '더불어 있음으로서의 우리'가 되는 따뜻함과 위로를 경험할 수 있었다.

이러한 경험을 통해 나는 비로소 깨달았다. '나'와 '너'가 서로를 향해 마음의 자리를 내어 줄 때, 우리는 고립된 개인을 넘어 더불어 존재하는 '우리'가 된다는 사실을. 타자에게 자리를 허락하는 순간, 나 또한 타자의 시선 속에서 인정받는 존재가 되었고, 동시에 누군가가 머물 수 있는 '자리'가 될 수 있었다. 순례길에서 나와 너는 그렇게 '환대하는 우리'가 되었다.

이 환대의 실천은 스쳐 지나가는 예의나 형식이 아니었다. 그것은 순례길이 나에게 건넨 가장 본질적이고 근원적인 선물, 곧 타자와 함께 살아가는 삶의 방식에 대한 깨달음이었다. 그리고 이 깨달음은 순례길이라는 특별한 시간과 공간을 넘어, 일상의 삶 속에서도 내가 어떻게 타자를 맞이하고, 어떻게 '우리'로 살아가야 하는지를 조용히 묻고 있다.

셋의 의식, 곧 '나와 너를 품은 우리로서 하나'가 되기 위해서는 서로를 향해 자리를 내어 주는 환대의 태도가 필수적이다. 여기서 '너'는 단지 인간만을 가리키지 않는다. 사람뿐 아니라 동물, 식물, 광물, 물, 공기, 빛에 이르기까지, 별에서 비롯된 모든 존재들이 우리와 더불어 있어야 할 '타자'이다. 어린아이의 편견 없는 시선처럼 경계 없는 인식은 존재의 위계나 쓸모를 따지지 않고, 모든 생명과 사물을 환대의 주인공으로 초대한다. 이러한 포괄적 환대를 통해 우리는 "함께 사는 사람들로서의 우리'를 넘어선 '온생명으로서의 우리'"[42]의 차원에 이르게 된다. 셋의 의식이란 바로 이 '온생명으로서의 우리'로 나아가려는 윤리적·존재론적 전환이며, 인간중심주의를 넘어 모든 존재와 더불어 살아가려는 근본적인 요청이다.

그러나 근대 산업화 이후 인간은 자연을 환대의 주체가 아니라 대상화된 자원으로 간주해 왔다. 자연은 인간이 이용하고 지배할 수 있는 대상으로 전락했고, 타자로서의 자리를 박탈당했다. 인간과 자연 사이에 놓인 이 분리는, 인간이 자연을 마음대로 변화시킬 수 있다는 오만에 기반한 것이었으며, 그 결과 자연에 대한 환대는 점차 사라졌다. 그

42　장회익, 『물질, 생명, 인간』 돌베개, 2011, 192쪽

대가는 이미 분명하다. 코로나19 팬데믹, 기후 위기, 생태계 파괴와 같은 전 지구적 재난은 인간이 자연과 맺어야 했던 환대의 관계를 단절한 결과로 우리 앞에 나타난 징후들이다.

이런 점에서 셋의 의식은 단순히 나와 너의 관계에 머무르지 않는다. 그것은 '우리는 어디에서 왔는가'라는 존재론적 질문을 넘어, '우리는 어디로 가야 하는가'라는 실천적 물음을 함께 품는다. 셋의 의식은 존재의 윤리이자, 생태적 공동체를 향한 실천적 지향이다. 그것은 위기의 시대를 가로지르는 나침반이며, 동시에 지금 여기에서 우리가 회복해야 할 관계의 방식을 감지하게 하는 감각 기관이다. 요컨대 셋의 의식은, 지구 위 모든 생명들과의 더불어 있음을 향해 우리가 응답해야 할 방향을 가리키는 깨어 있는 의식이다.

우리는 어디로 가는가

....

현대 자본주의 사회는 우리를 끊임없이 하나로 동일화되도록 유도한다. 이 세상의 주도권을 장악한 거대 플랫폼 기업들, 즉 구글(Google), 애플(Apple), 페이스북(Facebook), 아마존(Amazon)의 앞글자를 딴 'GAFA'라는 명칭은 이러한 흐름을 상징한다. 이 촘촘한 디지털 네트워크망 안에서 우리는 이미 일상 깊숙이 포섭되어 있으며, 자발적이든 비자발적이든 그 영향권에서 완전히 벗어나기란 거의 불가능하다. GAFA는 우리의 지적 욕망을 만족시키고(구글), 자신을 더 세련되게 연출할 수 있게 만들며(애플), 사회적 관계망을 확장해 주고(페이스북), 끊임없는 소비의 충동을 자극하고 즉각 해소해 준다(아마존). 우리는 이 거대 플랫폼 안에서 욕망이 충족되는 듯한 감각을 경험하지만, 실상 그 욕망은 결코 채워지지 못한 채 더욱 증폭될 뿐이다. 자본은 인간의 욕망으로 인한 근원적 결핍을 메우는 대신 더욱 자극함으로써 우리를 영원한 의존 상태로 묶어 두기 때문이다.

이처럼 GAFA는 단순한 기술적 편의를 넘어, 현대 자본주의가 만들어 낸 하나의 상징적 거울이다. 그 거울 앞에서 우리는 타자와의 차이를 망각한 채, 알고리즘이 추천하는 정보를 소비하고, 규격화된 이미지를 공유하며, 가공된 이미지를 통해 관계를 맺는다. 이는 마치 유아가 거울에 비친 이미지를 '진짜 나'로 착각하며 동일시하는 상태, 즉 타자성을 지우고 원초적 융합을 꿈꾸는 하나의 의식과 닮아 있다. 디지털 기술이 선사하는 동일시의 쾌감은 강렬하지만, 그 대가로 우리는 타자의 낯섦이 주는 설레는 긴장을 상실하고, 스스로 사유하는 힘을 잃어버리고 있다.

레비나스가 경고했듯, 이러한 동일시의 질서는 타자의 윤리적 요청을 지워 버리며, 점차 죽음의 논리로 기운다. 나르시시즘적 합일은 타자의 고통에 응답해야 할 실존적 책임을 불러오지 못한다. 그 자리에 나와 타자 사이에 살아 있는 관계 대신 어떠한 요구도 갈등도 없는 무색무취한 '죽은 관계'만을 남긴다. 이런 의미에서 자본주의가 만들어 낸 '하나로 연결된 세계'는 표면적으로는 풍요롭고 편리해 보이지만, 실상은 주체 간의 차이와 상호 책임이 깨끗이 삭제된 질서에 가깝다. 모든 것이 실시간으로 연결된 듯 보이나, 그 어디에도 가슴 뛰게 하는 진정한 만남도, 윤리적 책임을 요청하는 '타자의 얼굴'도 존재하지 않는다.

그러므로 우리는 이제 준엄하게 묻지 않을 수 없다. 이 거부할 수 없는 편의의 흐름 속에서 우리는 어디로 가고 있는가. GAFA의 세계 안에서 우리는 점점 더 자기 동일성의 함정에 깊이 빠져들고 있으며, 셋의 의식이 지향하는 '차이를 품은 더불어 있음'의 세계로부터 멀어지고 있다. 만약 이 거대한 기술적 관성을 자각하지 못한다면, 우리는 전 지구적 네트워크라는 감옥 안에서 역설적으로 가장 철저히 고립된 존재로 살아가게 될 것이다.

코로나19 팬데믹 초기, 세계 곳곳에서 벌어진 화장지 사재기 현상은 단순한 공포심의 발로가 아니었다. 화장지 공장이 각국에 존재함에도 불구하고, 원자재의 생산과 유통이 지구적 차원에서 긴밀히 연결된 구조 속에 놓여 있다는 사실을 적나라하게 드러낸 사건이었다. 어느 한 지역에서 생산이나 물류가 멈추면, 그 영향은 즉각 다른 지역으로 전이될 수밖에 없는 세계 체계 속에서 우리는 살아가고 있었던 것이다. 화장지뿐만이 아니다. 현대 산업의 대부분은 국가 간에 복잡하게 얽힌 글로벌 공급망에 의존하고 있으며, 이 촘촘한 연결망은 상품만이 아니라 사람들의 삶 자체를 전 지구적으로 엮어 놓았다. 세계화는 편리함과 효율을 가져왔지만, 동시에 한 지점의 위기가 순식간에 전체로 확산될 수 있는 구조적 취약성도 함께 만들어 냈다.

바로 이러한 위태로운 연결 구조 속에서, 중국 우한에서 발생한 바이러스는 국경과 대륙의 장벽을 비웃듯 전 세계로 급격히 확산되었다. 감염병의 확산은 더 이상 보건 영역에 국한된 문제가 아니다. 그것은 우리가 어떤 방식으로 살아왔는지, 어떤 공간 구조와 이동 체계를 구축해 왔는지를 근본적으로 되묻는 사건이다. 특히 대도시 중심의 삶의 밀집된 삶은 감염병 확산을 더욱 가속화하였다. 일자리, 교육, 문화, 의료, 사회 기반 시설 등 삶의 핵심 자원들이 대도시에 집중되면서, 사람들은 선택이 아니라 생존을 위해 도시로 몰릴 수밖에 없다. 그 결과 형성된 고밀도 인구 구조와 고속 교통망은 인간의 번영을 돕는 통로인 동시에 바이러스가 가장 빠르고 치명적으로 이동하는 최적의 경로가 되었다.

이러한 구조적 문제는 대도시에만 국한되지 않는다. 대도시를 중심으로 형성된 네트워크는 소도시와 농촌, 나아가 다른 국가와 지역까지 밀접하게 연결되어 있기 때문에, 도시에서 발생한 문제는 빠르게 전국적, 세계적 위기로 번진다. 도시 집중은 곧 위험의 집중이기도 하다. 더 편리하고 효율적인 삶을 위해 구축해 온 이 구조는, 어느 순간 우리의 안전과 생존 자체를 위협하는 효율의 역설로 돌아온다. 팬데믹은 우연한 재난이 아니라 우리가 선택해 온 삶의 방식이 만들어 낸 구조적 결과였는지도 모른다. 이제 질문은 분명해진다. 우리는 과연 어떤 연결 위에, 어떤 속도로, 어떤 공간적 가치를 지향하며 살아가야 하는가.

코로나19의 원인을 다양한 관점에서 분석할 수 있지만, 그중 비교적 넓은 합의가 이루어지는 공통의 원인 중 하나는 자연 파괴다. 농경지의 무분별한 확장, 육류 소비를 뒷받침하기 위한 공장형 축산의 비대화 그리고 산업 개발을 명분으로 자행된 대규모 산림 훼손은 인간의 탐욕스러운 생활권을 야생의 깊숙한 심장부까지 밀어 넣었다. 그 결과 서식지를 잃은 야생 동물들은 인간의 거주지로 내몰렸고, 본래 마주칠 일이 없었을 인간과 동물이 빈번하게 접촉하게 되었다. 이 과정에서 인수공통 감염병이 발생하고 전파될 가능성은 극적으로 높아졌다. 이런 의미에서 코로나19는 인간이 자연의 성스로운 경계를 끊임없이 침범해 온 결과가 집약적으로 드러난 사건이라 할 수 있다.

자연은 침묵 속에 있지만 결코 무력하지 않다. 인간이 경계를 넘을 때마다, 자연은 언제나 그에 상응하는 방식으로 응답해 왔다. 그리고 기후학자들의 경고에 따르면, 코로나19는 끝이 아니라 시작에 가깝다. 지구 평균 기온 상승이 1.5도를 넘어설 경우, 우리는 "더 극심한 폭염, 거대한 태풍, 해수면 상승과 수많은 기후 난민의 발생, 식량과 물 부족 등"[43] 지금까지와는 비교할 수 없는 재난의 연쇄에 직면하게 될 것이다.

문제의 핵심은 인간이 자연을 더 이상 '함께 살아야 할 타자'로 대우하지 않고, '시장에 내다 팔 수 있는 상품'으로 환원해 왔다는 데 있다. 숲은 생명의 터전이 아니라 목재 가격으로 계산되는 자원이 되었고, 강은 생명의 젖줄이 아니라 부동산 개발의 대상이 되었다. 자연은 마땅히 누려야 할 환대의 자리에서 밀려나 자본의 질서 속으로 편입되었다. 이 비정한 풍경은 손에 닿는 모든 것을 황금으로 바꾸어 버린 미다스 왕의 비극을 떠올리게 한다. 인간은 자연을 돈으로 환산하는 능력을 획득했지만, 그 과정에서 생명의 고유한 의미를 잃어 갔다. 주가가 오르면 기뻐하고, 집값이 오르면 안도하지만, 그 이면에서는 숲과 강, 동물과 토양 같은 타자들이 하나둘 자취를 감추고 있었다.

미다스 왕이 황금을 얻는 대신 사랑하는 딸과 일용할 음식 그리고 삶의 온기를 잃고서야 자신의 탐욕을 처절히 후회했듯 우리 역시 기후 위기의 문턱에 이르러서야 비로소 이 탐욕의 질주를 멈춰야 할 이유를

---

43 한재각 엮음, 『1.5 그레타 툰베리와 함께』 한티재, 2019, 11쪽

묻기 시작했다. 신화 속 미다스에게는 파크톨로스 강이라는 회복의 길이 있었다. 그러나 우리에게도 그런 강은 남아 있는가. 안타까운 현실은 우리에게 허락된 시간이 얼마 남지 않았다는 데 있다. 지구의 강물은 점점 바닥을 드러내고 있으며, 만약 우리의 성찰이 모든 강물이 말라 버린 뒤에야 시작된다면, 그때는 그 어떤 후회로도 되돌리 수 없는 상황이 되었을 것이다.

지구가 다시 생명의 공간으로 회복되기 위해서는 단순한 정책적 변화나 일시적인 탄소 절감만으로는 역부족이다. 우리를 지탱해 온 삶의 방식과 세계를 바라보는 관점, 존재하는 모든 것과 관계 맺는 인식의 틀 자체가 근본적으로 전환되어야 한다. 그렇기에 우리는 다시 근원으로 돌아가야 한다. 우리 모두가 별에서 왔다는 우주적 친연성, 그리고 나와 타자, 나와 자연이 본래 분리되지 않은 하나의 존재였다는 태고적 기억을 되살려야 한다.

고대 인류는 이러한 존재의 근원적 연대감을 '범아일여(梵我一如)'라는 깊은 사유의 언어로 형상화했다. 우주의 참모습이자 근본적 실재를 뜻하는 브라흐만(梵)과 인간 내면의 본질이자 진정한 자아를 뜻하는 아트만(我)은 본래 하나라는 깨달음이다. 브라흐만은 나 바깥의 세계, 곧 별과 행성으로 이루어진 우주 전체이자 물질과 에너지, 공간과 시간, 더 나아가 인간이 만든 사회·문화·제도·관습과 신적인 차원까지 포괄하는 외적 실재를 가리킨다. 반면 아트만은 번잡한 생각과 급변하는 감정을 넘어 존재의 가장 깊숙한 심연에 자리한, '나를 나이게 하는' 본질적 자아이다.

범아일여는 이 두 차원이 이원적으로 분리된 것이 아니라 궁극적으로 하나의 실재임을 자각하는 사유다. 이는 곧 내면과 외부, 자아와 우주, 인간과 자연이 대립하거나 단절된 관계가 아니라 본질적인 차원에서 서로 깊이 얽혀 있다는 인식이다. 내 안의 깊이를 성찰하는 일은 곧 우주의 질서를 바라보는 일이며, 세상과 타자를 이해하려는 노력은 나 자신을 더 깊이 들여다보는 행위와 다르지 않다.

만일 우리가 이러한 우주적 일치감을 회복할 수 있다면, 지금 이 순간 기후 위기로 고통받는 생명들의 신음은 더 이상 나와 무관한 타자의 문제가 아닐 것이다. 그것은 곧 내 존재의 한 부분이 겪는 아픔으로 다가올 것이다. 산호의 백화현상과 기후 난민의 눈물, 녹아내리는 빙하의 비명은 결국 타자의 사건이 아니라 나와 세계가 하나임을 잊어버린 자리에서 울려 퍼지는 내면의 진동이기 때문이다.

"2018년 8월, 스웨덴의 10대 환경 운동가 그레타 툰베리가 매주 금요일 스톡홀름의 의회 앞에서 '기후를 위한 등교 거부'가 적힌 팻말을 들고 1인 시위를 시작했던 기후 행동에 2019년 3월 15일 133개국 160만 명의 청소년이 동참했다."

- 그레타 툰베리, 스반테 툰베리, 베아타 에른만, 말레나 에른만 지음, 『그레타 툰베리의 금요일』 책담, 314쪽

그들은 단순히 구호를 외치는 수준을 넘어 지구와 생명 그리고 미래를 위한 실천의 자리에 자신의 몸과 시간을 내놓은 것이다. 이들에게

기후 위기는 먼 미래의 추상적 문제가 아니라 지금 이 순간에 이미 시작된 현실의 위기다. 기후변화에 관한 정부 간 협의체(IPCC)의 1.5도 온난화 특별보고서에 따르면, 현재와 같은 속도로 이산화탄소를 배출할 경우 지구 평균 기온 상승을 1.5도 이하로 억제할 수 있는 시간은 약 12년밖에 남지 않았다. 이는 그들이 과도하게 조급한 것이 아니라 오히려 기성세대가 문제의 심각성을 제대로 인식하지 못하거나 외면해 왔다는 명백한 반증이다.

기성세대가 인정하는 '타자'의 범주는 대개 현재의 시공간 안에 물리적으로 실존하는 사람들로 한정된다. 따라서 자연을 파괴하거나 이산화탄소를 배출하더라도 당장의 불편이나 손해가 없다면 위기로 인식되지 않는다. 핵발전소를 건설하고 숲을 태우는 일 역시, 그것이 현재의 자신에게 이익이 된다면 쉽게 정당화된다. 그들이 인식하는 타자는 오직 '지금 여기에 있는 너'일 뿐, 아직 도착하지 않은 '미래의 너'는 윤리적 고려의 대상에서 철저히 배제된다.

반면 그레타와 청소년들에게 타자는 현재의 동시대인만을 의미하지 않는다. 그들은 '미래의 너'까지 타자의 범주로 포괄한다. 기후 위기의 시대를 살아가게 될 다음 세대의 존재들까지 '우리'라는 이름으로 불러들이며, '나와 너를 품은 우리'의 자리를 미래로 확장한다. 그렇기에 그들은 지금 행동할 수밖에 없다. 교실의 책상 대신 아스팔트 위의 팻말을 선택한 그들은 외친다. "행동하기 시작하면, 희망은 모든 곳으로 번집니다."

이 선언은 단순한 슬로건이 아니다. 그것은 아직 태어나지 않은 생명을 향해 건네는, 가장 절실하고도 따뜻한 환대의 인사이다.

범아일여(梵我一如) 사상과 유사한 한국 고유의 철학으로는 동학의 '3경(三敬) 사상'을 들 수 있다. 3경 사상이란 "하늘(경천 敬天)과 사람(경인 敬人)과 그리고 만물을 공경하라(경물 敬物)는 말이다. 만물이라면 땅 위에 존재하는 모든 것들이다. 한마디로, 눈에 보이는 것과 보이지 않는 모든 존재를 다 하늘로 여기라고 하는 가르침이다."[44] 이는 이 세계에 존재하는 모든 것이 곧 하늘이며, 그 하늘을 향한 공경이야말로 인간이 실천해야 할 근본적인 윤리적 태도라는 사유로 이어진다.

모든 존재를 하늘로 여기라는 이 사상은 인간과 자연, 생명과 비생명, 유기체와 무기체 사이에 설정되어 온 위계를 해체하고, 평등한 관계로 나아가야 한다는 근본적인 전환의 요청이다. 인간은 더 이상 만물을 지배하거나 소유하고 착취하는 주체가 아니라 만물과 '더불어 있음' 속에서 살아가는 존재로 자신을 재정의해야 한다. 여기서 말하는 '경(敬)'은 타자의 존재를 있는 그대로 받아들이고 함께 살아가려는 실천적 태도에서 비롯된다. 따라서 경물(敬物)은 만물이 우리와 더불어 존재하고 있음을 인정하는 데서 출발한다. 경인(敬人)을 넘어 경물(敬物)까지 강조한 동학의 사상은 인간중심주의를 넘어서는 데 그치지 않고, "생태계의 보편적 평등과 생태적 전환"[45]을 요청하는 철학적 선언에 가깝다. 지금까지 인간이 빼앗아 온 만물의 자리를 다시 돌려주는 것, 그

---

44 백승종 지음, 『동학에서 미래를 배운다』 들녘, 2019, 105쪽
45 백승종, 같은 책, 198쪽

것이 곧 경물이며, 이는 만물에 대한 환대의 윤리이기도 하다.

이러한 사유는 현대의 풀뿌리 생태운동가 반다나 시바(Vandana Shiva)가 주창하는 '생명 민주주의'와 깊게 공명한다. 그녀는 모든 생명에게 자유가 보장되어야 한다고 주장하며, 인간의 자유는 숲의 자유이자 강물의 자유라고 강조한다. 우리가 말하는 민주주의 역시 인간만의 것이 아니라, 모든 생명 공동체 위에서 성립된다는 것이다. 다시 말해 인간의 권리와 자유는 다른 생명들과 분리된 채 보장될 수 없으며, 생태계 전체의 자유와 조화를 전제로 해야 한다. 반다나 시바는 우리가 나아가야 할 방향에 대해 이렇게 말한다.

> "이제는 탐욕으로 움직이는 자기중심적인 세상(egocentric world)에서 나와 지구와 삶을 평화로이 영위하는 생태 중심 세상(ecocentric world)으로 나아가야 하지 않을까요?"
>
> - 제러미 리프킨 외 인터뷰, 안희경 지음, 『오늘부터의 세계』 메디치, 2020, 219쪽

그녀는 자기중심적 세계에서 벗어나기 위해 우리가 서로 연결된 존재임을 깨달아야 한다고 강조한다. 이러한 인식 속에서 우리는 인간의 보다 본연적인 상태, 즉 서로 연결된 '통합된 자아'로 회복될 수 있으며, 그때 비로소 진정한 자유와 평화를 누릴 수 있다고 말한다.

반다나 시바가 말하는 '통합된 자아'는 동학에서 말하는 '한울'과 맞닿아 있다. '한울'은 '한(크다)'과 '울(우리)'이 결합된 말로, '큰 우리', 혹은 '큰 나'를 의미한다. 곧 한울은 '나와 너를 품은 우리'이며, 그 안에는 인

간뿐 아니라 모든 생명과 우주 만물이 포함된다. 이때 '너'는 더 이상 사람에게만 한정된 대상이 아니다. 굽이치는 강과 울창한 숲, 이름 모를 새와 곤충, 머나먼 별과 스치는 바람까지 모두 '너'가 되어 '큰 우리' 안에서 함께 공존한다.

이런 의미에서 생태 중심의 세계는 새롭게 발명해야 할 유토피아가 아니다. 그것은 오히려 우리 내면 깊숙이 남아 있는 기억, 모든 생명과 하나였던 시절의 감각과 향수를 되살리는 일에 가깝다. 우리는 본래 연결되어 있었으며, 그 연결의 감각은 여전히 우리 마음속에 근원적 욕망으로 남아 있다. '하나 되고픈' 이 욕망은 생태적 전환을 향해 나아가게 하는 실천의 동력이다.

시인 T. S. 엘리엇(Thomas Stearns Eliot)은 "우리의 탐험이 끝나는 순간, 우리는 우리가 출발한 곳을 처음으로 알게 된다"고 노래했다. 이러한 맥락에서 셋의 의식이 향하는 마지막 지점 역시 미지의 새로운 목적지가 아니다. 그것은 우리가 처음 출발했던 자리다. 나와 너가 분리되기 전, '우리로서 하나'였던 자리, 하늘과 사람과 만물이 경계 없이 어우러져 있던 자리, 곧 범아일여(梵我一如)의 근원지이다. 그곳은 박제된 과거의 이상향이 아니라 긴 여정 끝에 우리가 다시 도달해야 할 궁극의 귀결지이다.

맺음말: 우리가 등장할 순간

우리는 세 가지 근원적인 질문으로부터 이 발달론의 여정을 시작했다. "우리는 어디에서 왔는가?", "우리는 무엇인가?", "우리는 어디로 가는가?" 이 질문들은 단순히 생물학적 성장 단계를 설명하기 위한 도구가 아니다. 그것은 인간 존재의 심연을 성찰하고, 우리 삶의 진정한 의미를 되짚어 보기 위한 '하나둘셋 발달론'의 출발점이다.

우리가 어디로 가야 하는지를 알기 위해서는 먼저 우리가 어떤 존재인지를 알아야 한다. 인간이란 어떤 욕망과 한계를 지닌 존재인지, 무엇을 추구하며 무엇에 의해 흔들리는지를 성찰할 때, 우리는 비로소 삶의 방향을 설정할 수 있다. 그러나 우리가 어떤 존재인지를 이해하려면, 반드시 우리의 출발점을 돌아봐야 한다. 내가 어디에서 왔는지를 아는 일은 곧 내가 누구인지를 이해하는 일이다. 시작을 아는 자만이 자신이 어디로 향하고 있는지, 그리고 어디로 돌아가야 할지를 알 수 있기 때문이다. 결국 "우리는 어디에서 왔는가?"라는 질문은 인간 발달을 탐구하는 데 있어 가장 먼저 던져야 할 질문이며, 인간 존재를 전체적으로 이해하기 위한 출발점이다.

태초에 우리는 모두 하나였고, 하나의 의식이었다. 우주의 기원인 빅뱅 이후 수많은 원소가 생성되어 흩어졌지만, 그 원소들은 다시 뭉치고 분열하기를 반복하며 태양과 달, 별과 바다, 고래와 상어, 늑대와 고양이, 소나무와 민들레 그리고 인간이라는 독립된 개체들로 발현되었다. 이렇게 태어난 모든 존재는 각자의 고유한 개별성 속에서 살아가지만, 그 깊은 곳에는 모두 하나였던 흔적이 남아 있다. 마치 만유인력처럼, 우리는 서로를 향해 끊임없이 끌린다.

하나였다가 분리됨을 경험한 존재의 대표적인 예가 어머니와 아이의 관계다. 분리 이후에도 이 둘은 다시 하나가 되려는 강한 공감과 동화, 일체감을 갈망한다. 아이에게도 하나였던 기억은 무의식 깊은 곳에 남아 있지만, 아이와 하나였던 그 시절의 충만감과 절대적인 기쁨을 경험한 어머니에게 그 흔적은 더욱 선명하다. 그리하여 어머니는 자신을 다시 하나로 채워 줄 대상을 무의식적으로 찾게 되고, 그것을 아이에게 투사할 때 그 감정은 사랑을 넘어 집착으로 변질되기도 한다. 이는 아이를 향한 애착이라기보다, 자신 안의 결핍을 메우기 위해 타자를 소유하려는 욕망에 가깝다.

하나가 되려는 집착이 강해질 때, 우리에게 필요한 것은 '반감', '이질감' 그리고 이화(異化)다. 마치 우주가 별을 만들어 내기 위해 서로를 끌어당기는 중력과 그것을 밀어내는 핵력이라는 두 힘의 균형이 필요하듯, 인간 발달 역시 하나가 되려는 동화(同化)의 힘과 이를 거부하고 분리해 내는 이화(異化)의 힘이 팽팽한 긴장 속에서 균형을 이룰 때 비로소 '나'라는 자아를 빚어간다.

아이 역시 처음에는 어머니와 하나였던 상태에서 출발하지만, 성장의 길 위에서 타자와 자신을 구별하는 법을 배우고 자율적인 주체로 성장해 간다. 만약 동화(同化)의 인력만 존재하고 이화(異化)의 척력이 결여된다면, 아이는 타자에게 흡수되어 자기 고유성을 갖지 못한 채 타인의 거울로만 존재하게 될 것이다.

결국 우리는 나와 타자라는 두 세계 사이에서 끊임없이 동화(同化)와 이화(異化)의 줄다리기를 할 수밖에 없는 운명적 존재다. 이 위태로운 줄다리기 속에서 우리는 내가 누구인지, 어디까지가 나인지, 무엇을 사랑하고 무엇을 거부할 수 있는지를 조금씩 배워 간다. 그러나 현대 사회에서도 동화(同化)의 힘은 여전히 강력하다. 자본주의가 설계한 정교한 그물망 안에서 타자는 더 이상 외부의 객체가 아니라 이미 내 욕망을 구성하는 내부의 주관자가 되어 버렸다. 타자들의 목소리가 어느새 내 생각이 되고, 타자의 욕망이 나의 욕망으로 표출되며, 사회가 주입한 가치관이 내 가치관의 나침반처럼 작동한다. 타자와의 동일시는 점점 더 무의식적으로 내면화되어, 내가 스스로 선택하고 있다고 믿는 것조차 실상은 타자의 시선과 기대에 반응한 결과일 수 있다.

너무 강렬한 하나의 빛 앞에서는 우리는 눈을 제대로 뜰 수 없다. 그 빛은 찬란하지만 동시에 압도적이다. 결국 우리는 고개를 숙일 수밖에 없고, 그때 비로소 발밑에 드리워진 자신의 그림자를 마주하게 된다. 눈부신 하나의 의식 속에서 역설적으로 나의 존재를 증명해 주는 것은 나약하고 불완전한 그림자뿐이다. 그 그림자를 따라가다 보면 우리는 우리 안에 축적된 수많은 타자의 흔적들과 마주하게 된다. 부모의 단호한 말투, 사회가 강요한 표준적 기대, 시대가 주입한 뒤틀린 욕망 그리고 문화가 규격화한 취향들. 이 모든 외부의 파편들이 내 것인 양 자리 잡고 있으나, 정작 그 어디에도 순수한 '나'는 존재하지 않는다. 내 안에 있는 본질들은 대부분 외부에서 흘러들어온 것이었고, 나의 것이라 믿었던 정체성의 밑바닥에는 타자들이 남긴 흔적들, 곧 그림자만이 어른거리고 있을 뿐이다.

이것이 바로 둘의 의식이 출발하는 자리다. 자신이 얼마나 비어 있고 빈약한 존재인지, 얼마나 취약한 존재인지를 자각하는 것. 둘의 의식은 화려한 동일시의 이미지에서 출발하지 않는다. 오히려 보잘것없는 그림자에서 시작되기에, 이 여정은 필연적으로 고통스럽고 불편할 수밖에 없다.

가진 것 없는 순례자가 길 위에서 외로움과 불안을 피할 수 없듯, 자기 정체성의 순례자 또한 타자의 목소리로 가득 찬 자기 안에서 진짜 '나'를 찾는 여정에서 끊임없이 흔들린다. 그러나 바로 그 흔들림 속에서 변화는 시작된다. 길 위에서 만난 수많은 타자들과 관계 맺고, 그들과의 충돌 속에서 자신을 성찰하고, 이 모든 경험을 자신의 언어로 다시 엮어 가는 과정에서, 희미했던 그림자는 점차 자아의 윤곽을 드러내기 시작한다. 낯선 경험을 자기화하고, 타자의 언어를 넘어 자신만의 목소리를 만들어 가는 이 과정을 통해 우리는 마침내 내 안에 내 것, 곧 나만의 욕망과 취향, 가치관을 조금씩 형성해 간다.

어머니로부터 분리되어 세상에 나오는 첫 번째 탄생이 고통스럽듯, 하나의 존재로서 다시 태어나는 두 번째 탄생 또한 결코 쉽지 않다. 첫 번째 탄생이 생물학적 차원에서의 독립이라면, 두 번째 탄생은 정신적 차원에서의 독립, 곧 새로운 주체로 거듭나는 존재론적 탄생이다. 전자가 탯줄을 끊는 일이라면, 후자는 의존과 동일시로부터 자신을 분리해 나가는 일이다. 어느 쪽이든 고통이 따르지만, 탄생의 고통을 두려워해 하나의 상태에 머무를 수는 없다. 죽음에서 생명으로, 의존에서 자립으로 나아가는 길목에는 언제나 시련이 놓여 있다.

그러나 그 시련을 통과하며 생겨나는 '마디'는 단순한 상처의 흔적이 아니다. 그것은 나와 타자가 완전히 단절되었음을 알리는 표식이 아니라 우리가 한때 하나였음을 기억하게 하는 생의 흔적이다. 탯줄의 흔적이 배꼽으로 남듯, 정신적 분리의 고통 또한 우리 존재 어딘가에 흔적으로 각인된다. 그 흔적은 나와 타자가 완전히 분리된 존재가 아님을, 과거에 깊이 연결되어 있었음을 증명하는 표식이자, 다시금 더 깊이 연결될 수 있는 가능성의 징표다.

이처럼 둘의 의식 속에도 하나가 되려는 근원적 욕망과 그 흔적은 여전히 남아 있다. 우리는 타자와 분리된 존재임을 자각하면서도, 동시에 그 차이를 지우고 다시 하나가 되려는 충동을 반복해서 경험한다. 이 충동은 때로는 위안처럼, 때로는 안전한 회귀의 본능처럼 느껴지기도 한다. 문제는 현대 자본주의가 이 근원적 욕망을 집요하게 자극하고, 특정한 방향으로 조직한다는 데 있다.

자본주의는 우리에게 쉼 없이 속삭인다. 너는 아직 부족하다고. 더 완벽해져야 하고, 더 많이 소유해야 하고, 더 매혹적으로 변모해야 하며, 기어이 성공의 정상에 올라야 한다고. 표면적으로는 무한한 욕망을 충족시켜 주는 듯 보이는 자본주의는, 실상 우리를 하나의 모델, 하나의 기준, 하나의 삶의 방식으로 수렴시키는 구조를 지니고 있다. 자본주의 사회는 무궁무진한 선택과 다양성의 공간인 듯 보이지만, 그 이면에는 소름 끼치는 동일화의 강박이 숨어 있다. 이는 단지 외형적인 취향의 유사성에 그치지 않는다. 삶의 방향과 존재의 의미마저 하나의 공식으로 수렴되기를 요구한다.

세계 최대의 플랫폼 기업들—구글, 애플, 페이스북, 아마존, 이른바 'GAFA'—은 그러한 욕망의 집약체다. 구글은 우리가 알아야 할 지식을, 애플은 우리가 추구해야 할 미학과 라이프스타일을, 페이스북은 우리가 맺어야 할 관계를, 아마존은 우리가 구매해야 할 소비 목록을 제시한다. 우리는 그 안에서 끊임없이 비교하고, 선택하고, 소비하지만, 결국 자본이 설계한 욕망의 경로 위를 달릴 뿐이다. 이렇게 플랫폼은 욕망의 영역을 분할하고, 다시 하나의 궤도로 통합한다. 이러한 자본주의의 동일화 전략은 표준을 좁히고 평균을 강요한다. 예컨대 '건강한 몸'이라는 이름 아래 점점 더 마른 체형을 이상화하며, 우리의 몸을 하나의 기준에 맞추려 한다. 이는 단지 미의 기준을 강요하는 차원을 넘어, 존재 방식 자체를 획일화하려는 상징적 폭력이다. 그렇게 우리는 하나의 욕망을 향해 질주하며 점점 고유한 타자성을 잃고, 끝내 '참된 나'로부터도 멀어진다.

따라서 우리는 이제 하나가 되려는 근원적 욕망을, 나와 타자의 '동일시로서 하나'가 아니라 나와 너를 품은 '우리로서 하나'로 전환해야 한다. 이는 타자와의 차이를 제거하여 흡수하는 방식이 아니라 차이를 인정한 채 함께 머물 수 있는 공간을 마련하는 방식이다. '우리로서 하나'는 동일화가 아닌 차이를 끌어안는 환대의 구조 위에 세워진 공동체적 의식이자 셋의 의식이다.

이러한 셋의 의식은 우리와 타자가 모두 별에서 온 존재들이라는 자각에서 출발한다. 인간뿐 아니라 동물, 식물, 광물, 물과 공기까지, 우주 만물은 서로 깊이 연결되어 있으며, 그 본질적 연관성 속에서 한때 하나였음을 기억하는 의식이 곧 셋의 의식이다. 이 사유는 범아일여(梵我一如) 사상이나 동학의 삼경(敬天·敬人·敬物)처럼, 존재의 근원과 방향을 우주적 차원에서 다시 사유하려는 시도다.

셋의 의식은 '너'를 단지 현재의 인간 타자에 한정하지 않는다. '너'는 시간적·존재론적으로 확장된다. '너'는 아직 태어나지 않은 미래의 존재들이며, 지금 여기에는 없지만 앞으로 이 세상을 살아가야 할 모든 생명이다. 따라서 타자에 대한 공감은 현재에 머무는 감정적 반응을 넘어, 미래 세대를 향한 윤리적 책임으로 확장된다. 그들은 지금 여기에 없지만, 우리가 살아가는 방식에 의해 그들의 삶이 결정된다는 점에서 우리 안에 자리를 부여받아야 할 존재들이다.

이처럼 세상 만물과 미래의 타자에게 자리를 내어 주고, 우리 안에 그들의 존재를 위한 자리를 인정하는 행위가 바로 셋의 의식이 말하는 '환대'이다. 환대는 타자를 받아들이는 수동적 태도를 넘어 '우리로서 하나'가 되기 위한 가장 적극적인 실천이다. 인간을 넘어 자연과 미래의 존재들까지 포함하는 환대는, 생명과 존재를 향한 근본적인 존중의 방식이며, 우리가 지향해야 할 새로운 세계관의 출발점이다.

타인을 향한 환대, 자연을 향한 환대 그리고 아직 오지 않은 미래의 타자를 향한 환대는 단절과 소외의 세계에서 연결과 연대의 세계로 나아가는 길이다. 이러한 환대의 실천이야말로 인간 중심의 세계관에서 생태 중심의 세계관으로 나아가게 하는 전환의 힘이며, 우리가 하나로 엮인 생명 공동체라는 사실을 회복하게 하는 윤리적 토대이다. 생태적 전환이 향하는 곳은 낯선 미지의 땅이나 환상의 유토피아가 아니다. 우리가 도달하려는 곳은 바로 '온생명으로서의 우리로 하나'였던 본래의 자리이다.

갓 태어난 아기와 깊은 숲, 날랜 새와 영리한 여우, 맑은 시냇물과 자유로운 바람, 뭉게구름과 무당벌레, 침묵하는 몽돌까지도 한데 어우러져 놀 수 있는 그곳은 멀리 있는 이상향이 아니라 바로 지금 여기, 우리가 서 있는 이 자리이다. 셋의 의식이 지향하는 목적지는 그 어떤 외부가 아닌, 우리가 발 딛고 사는 이곳이다. 온 생명과 더불어 사는 삶, 생명 있는 모든 존재에게 자리를 내어 주며 함께 살아가는 공동의 삶터를 지금 여기서 만들어야 한다. 그것이야말로 우리가 진정 가야 할 길이다.

우리가 태어난 바로 그곳, 우리가 여정을 시작했던 그 자리에서 우리의 탐험은 끝나며, 동시에 다시 시작된다. 만약 지금 이 자리에서 '우리로서 하나'가 되기 위한 환대를 실천하지 않는다면, 우리가 가야 할 곳은 존재할 수 없다. 나와 네가 하나의 '우리'로 등장할 시간이 도래했다. 바로 지금, 바로 여기서.

> "우리 모두 함께 뭉쳐야 한다!
>
> 적극적으로 나서야 한다!
>
> 행동으로 보여야 한다!
>
> 등장할 순간이다."
>
> - 그레타 툰베리, 『그레타 툰베리의 금요일』 312~313쪽.

우리는 어디에서 왔는가?

우리는 별에서 왔다.

먼 우주의 먼지였던 우리가

빛과 어둠이 서로를 끌어안는 춤 속에서

마침내 태어났다.

우리는 무엇인가?

우리는 두 세계 사이를 오가는 순례자이다.

타자를 마주하며,

잊힌 하나의 흔적을 더듬어

천천히 걸어가는 존재이다.

우리는 어디로 가는가?

우리는 모두가 하나였던 그곳으로 간다.

처음과 끝이 맞닿는 자리,

너와 내가 '우리'로 다시 이어지는 곳,

바로 지금, 여기—

다시 하나가 되는 그 자리로.

빛, 그림자, 순례

ⓒ 김영택, 2026

초판 1쇄 발행 2026년 4월 16일

지은이   김영택
펴낸이   이기봉
편집   좋은땅 편집팀
펴낸곳   도서출판 좋은땅
주소   서울특별시 마포구 양화로12길 26 지월드빌딩 (서교동 395-7)
전화   02)374-8616~7
팩스   02)374-8614
이메일   gworldbook@naver.com
홈페이지 www.g-world.co.kr

ISBN   979-11-388-5754-3 (03120)

- 가격은 뒤표지에 있습니다.
- 이 책은 저작권법에 의하여 보호를 받는 저작물이므로 무단 전재와 복제를 금합니다.
- 파본은 구입하신 서점에서 교환해 드립니다.